Im Lachen
  bekennt man sich
zu seiner Unvollkommenheit
  und akzeptiert
  kleine und große Schwächen.

Angelika Belam

Jo-Ole Rigg

Jan-Uwe Rogge gilt als Deutschlands bekanntester Erziehungsexperte und hat zahlreiche Bestseller geschrieben.

Angelika Bartram lebt als freie Autorin und Regisseurin für Theater, Hörfunk und Fernsehen in Köln.

Weitere Informationen unter:
www.jan-uwe-rogge.de
www.angelika-bartram.de
www.familien-zirkus.de
www.familienzirkus.com

Jan-Uwe Rogge
Angelika Bartram

Viel Spaß
beim Erziehen!

Ein Buch für alle unvollkommenen Eltern

Inhalt

Vorwort

Wie schön, dass Sie dieses Buch in die Hand genommen haben.
Sie interessieren sich also für Erziehung. Wir auch. Und bestimmt
finden Sie hier ein paar gute Ideen für Ihren Alltag mit Kindern.
Wir haben aber auch noch ein anderes Anliegen. Denn wir wün-
schen uns vor allem eines: dass Sie immer wieder lachen können.
Und wir hoffen, dass Ihnen dieses Buch hilft, sich nicht so allein
gelassen zu fühlen mit Ihren Erziehungsfragen. Es wäre schön,
wenn Sie ein wenig getröstet wären durch die Erkenntnis, dass es
vielen so geht wie Ihnen. Wir hoffen, dass Sie vielleicht Ihren
Perfektionismus loslassen können und nicht so viel grübeln:
„Warum klappt es bei mir nie?"
Wir wünschen uns, dass Sie mit der Lektüre eine Portion Ge-
lassenheit tanken, sich mit Ihren kleinen Macken und Fehlern
besser anfreunden können.
Dafür erzählen wir eine kleine Geschichte. Ihr Held heißt Ben
Benningsen. Er ist ein erfolgreicher Erziehungsberater, Theoretiker
durch und durch und hat schon einige Bestseller zu Erziehungs-

fragen veröffentlicht. Nun begibt er sich auf eine kleine Abenteuerreise durch den echten Erziehungsalltag von Familien. Und dabei erlebt er, wie wenig ihm sein theoretisches Wissen in der Praxis hilft. Er ist viel öfter ratlos, als ihm lieb ist. Denn die vielen kleinen Alltagssituationen, die einem so häufig einen Strich durch das perfekte Erziehungshandeln machen, führen nicht nur die Eltern an ihre Grenzen.

Wie man damit umgeht? Ja, vor allem mit Humor! Schon Johann Heinrich Pestalozzi, der Schweizer Pädagoge und ein Lieblingsautor von Ben Benningsen, auf den er sich gerne bezieht, hatte dafür einen ausgezeichneten Tipp.

Lache dreimal am Tag mit deinem Kind, dann geht es dir gut.

Pestalozzi

Für uns alle hat Humor etwas Befreiendes. Jeder, der über sich selbst lachen kann, lässt den Perfektionismus los. Wer sich selbst nicht so wichtig nimmt, löst sich von der fixen Idee, immer alles richtig machen zu müssen. Wer das Leben humorvoll annimmt in seiner Unvollkommenheit, für den sind Kinder Geschenke, mit und an denen man sich freuen kann.

Es wäre schön, wenn Sie der lachenden Seite des Lebens vertrauten, die gerade in der Erziehung der Leichtigkeit Raum gibt.

Wir wünschen uns und Ihnen den Mut zur Gelassenheit und viel Spaß beim Erziehen!

Auf der Suche nach der perfekten Erziehung

Wie Ben Benningsen sich mit einer Buchidee zu seinem Verleger aufmacht und Beifallsstürme erwartet.

„Schau mal, Mami, das ist doch der Mann, der immer auf deinem Nachttisch liegt!"

Der fünfjährige Marvin zog seine Mutter am Ärmel. Sie blickte auf und sah einen etwa vierzigjährigen Mann auf das Verlagsgebäude zugehen. Er war mittelgroß und hatte dunkle, grau melierte Haare. Sie stutzte kurz, denn sie konnte es kaum glauben, dann rief sie ihm aufgeregt zu: „Sind Sie's wirklich?"

Ben Benningsen nahm die Frage zunächst gar nicht richtig wahr. Er hing gerade seinen Gedanken nach. Vor zehn Jahren, so erinnerte er sich, hatte er das erste Mal einen Fuß in diese alte Jugendstilvilla gesetzt. *Der Verlag* stand in bronzenen Buchstaben über dem Eingang. Und damals hatten ihm ein wenig die Knie gezittert, denn die geflügelten Frauenfiguren an der Fassade schienen prüfend auf ihn herabzuschauen.

Heute hatte er es geschafft. Heute gehörte er zu den Bestseller-autoren dieses Hauses. Eigentlich wollte Ben diesen persönlichen Triumph einen Moment in Ruhe auskosten und überlegte kurz, ob er einfach so tun sollte, als habe er nichts gehört.
Aber die Frau war hartnäckig: „Ben Benningsen? Sind Sie es?"
Er blieb stehen und drehte sich um.
Freudestrahlend kam die Mutter mit ihrem Sohn an der Hand auf ihn zu.
„Wie schön, dass ich Sie endlich einmal persönlich kennenlerne!"
Sie reichte ihm die Hand und stellte sich vor.
Der Junge musterte Ben Benningsen eher skeptisch. „Bist du der, der Mama die ganzen Tricks verrät? Warum machste das?"
„Damit du dir immer was Neues ausdenken kannst. Das wär doch sonst langweilig bei euch zu Hause. Oder?"
Marvin grinste. Die beiden verstanden sich.
Marvins Mutter lächelte nachdenklich. „Ja, Sie müssten wirklich mal zu uns nach Hause kommen."
Ben Benningsen lud sie im Gegenzug zu seinem nächsten Vortrag ein und gab ihr noch ein Autogramm auf ihren Einkaufszettel. Beschwingt verschwand er dann im Verlagsgebäude.
Er hatte einen Termin mit dem Verlagsleiter, dem er sein neuestes Buchprojekt vorstellen wollte, er hatte sich dazu schon einige Gedanken gemacht.
Zu diesem Zeitpunkt ahnte Ben noch nicht, dass dabei etwas herauskommen sollte, das sein ganzes Leben auf den Kopf stellen würde.
Die Tür zum Vorzimmer stand einen Spaltbreit offen. Ben Benningsen klopfte kurz und steckte seinen Kopf ins Zimmer hinein.
„Hallo, Frau Kleinert. Ist der große Meister schon da?"
Die Sekretärin nickte. „Dr. Eibenstein erwartet Sie schon", erklärte sie mit einer leisen Ehrfurcht in der Stimme. „Ach ja, und Ihren Tipp mit dem Zaubersack habe ich ausprobiert.

Der funktioniert wirklich. Haben Sie nicht auch so einen Trick gegen das Trödeln?"

Ben Benningsen schmunzelte. „Sie sollten das Buch ganz durchlesen."

Die Sekretärin fühlte sich ertappt.

Ben winkte ab. „Bei vielen liegen die Bücher nur auf dem Nachttisch. Wahrscheinlich denken die Leute, der Inhalt vermittele sich von selber."

„Solange sie die Bücher kaufen, kann uns das egal sein", tönte eine tiefe Stimme. In der Tür stand ein vornehm gebräunter, stattlicher Mann in einem edlen Anzug. Dr. Reginald Eibenstein.

Er öffnete die Arme.

„Mein teurer Autor!", begrüßte er Ben überschwänglich und bat ihn mit einer großen Geste zu sich herein.

Kaffee, Wasser und Gebäck waren in der Besprechungsecke schon bereitgestellt.

Dr. Reginald Eibenstein ließ sich auf einem der Sessel nieder und legte seinen Schlips korrekt über die Knopfleiste seines Hemdes. Mit sattem Lächeln, das er mit einem leichten Kopfnicken unterstrich, wandte er sich seinem Gegenüber zu.

Ben Benningsen genoss die Situation. Er hatte seine letzten Auflagenzahlen im Kopf, und die konnten sich sehen lassen. In den zehn Jahren, in denen seine Bücher jetzt bei *Der Verlag* erschienen, hatte er einen Bestseller nach dem anderen geliefert. Und Ben war sich sicher, dass auch sein nächstes Buch den Erfolgskurs fortsetzen würde. Er hatte da schon so eine Idee. Die wollte er dem Verleger heute vorstellen. Aber erst einmal war ein wenig Small Talk angesagt.

Dr. Reginald Eibenstein jammerte – wie jedes Mal – über die schwierige Lage auf dem Buchmarkt, erzählte von seinem Haus in der Toskana und dass man über die Region unbedingt einen speziellen Rezeptband machen sollte. Und wenn Ben Benningsen mal einen kreativen Rückzugspunkt bräuchte: Nur zu!

Die Gegend sei ja bekannt für ihren guten Wein. Ben schmunzelte. „Komisch", dachte er, „dass alle meinen, man könne Bücher nur in einer kreativen Idylle schreiben."

Und dann tat auch Ben etwas für die gute Stimmung und erzählte von seiner letzten Lesereise in die Steiermark. Von diesem wunderbar frischen Weißwein, den er da entdeckt habe. Und durch Zufall sei auch noch ein Winzer in einem seiner Vorträge gewesen und habe sich als ein großer Fan von ihm entpuppt.

„Ja, zur Freude des Verlages haben Sie ja viele Fans!"

Mit diesem Satz leitete Reginald Eibenstein über zur geschäftlichen Seite der Unterredung. Er stützte sich mit den Ellbogen auf und führte die Spitzen seiner manikürten Finger zusammen, um seine Ausführungen zu unterstreichen.

„Deswegen dachte ich mir auch, dass wir den Lesern mit dem nächsten Buch etwas ganz Besonderes bieten sollten." Dann stockte er kurz und fixierte sein Gegenüber. Ben schaute ihn fragend an. Er mochte es überhaupt nicht, wenn Leute solche Kunstpausen machten, bevor etwas Wichtiges kam.

Reginald Eibenstein holte Luft und fuhr fort: „Ben Benningsen hautnah sozusagen. Oder Ben Benningsen privat."

„Ben Benningsen privat?" Ben bekam einen Schreck.

„Schon gut, Ben. Kein Grund, rot zu werden", beruhigte ihn der Verleger. „Ich weiß, ich habe Sie in diese Lage gebracht. Es war ja meine Idee, Sie von Anfang an als Familienberater mit Familie zu verkaufen. Auch wenn es diese Familie gar nicht gibt."

„Reginald, ich habe Sie immer davor gewarnt, dass alles eines Tages rauskommen könnte." Bens Stimme schien sich fast zu überschlagen.

„Aber es war doch eine Frage der Glaubwürdigkeit. Welche junge Mutter kauft denn einem unverheirateten Junggesellen Erziehungstipps ab?"

Ben flüchtete sich in Süffisanz. „Ein Junggeselle ist immer unverheiratet", bemerkte er.

„Na ja, daran hätten Sie in den zehn Jahren ja auch mal arbeiten können", meinte Reginald jovial. „Ich meine daran arbeiten, das zu ändern. Das kann doch nicht so schwer sein. So viele Lesereisen! So viele Frauen, die Ihnen an den Lippen hängen! War denn da keine dabei?"

„Vielleicht waren es ja zu viele!" Ben schmunzelte verschmitzt. „Aber jetzt mal Spaß beiseite", fuhr er fort. „Das heißt, eigentlich ist das der falsche Ausdruck. In meinem nächsten Buch soll es nämlich um den Spaß gehen, den Spaß beim Erziehen. Ich dachte da an einen Titel wie *Jeder kann erziehen*.

„Der positive Ansatz gefällt mir", meinte Reginald. „Aber diesmal muss mehr persönlicher Einsatz rein. Deswegen übertrage ich Ihnen hiermit die Aufgabe, jemanden zu finden, der perfekt erzieht. Und diese Person hat sich dann den Erziehungs-Oscar verdient."

Ben Benningsen schaute Dr. Reginald Eibenstein verdutzt an. „Erziehungs-Oscar?", wiederholte er. „Und wer verleiht den?"

„Na wer wohl? Wir, *Der Verlag* natürlich! Und Sie, Ben", sagte der Verleger bestimmt, „finden für uns die Person, die ihn verdient hat."

„Aber wie soll das funktionieren? Soll ich mich hinter den Büschen an Spielplätzen auf die Lauer legen, mich in Kindergärten verstecken oder heimlich bei Familien im Schrank?"

„Wieso heimlich? Sie kennen doch genug Familien. Suchen Sie die richtige aus. So schwer kann das doch nicht sein."

Reginald Eibenstein kam ins Reden. Er war ein Mann, der große Gesten liebte. Und Gelegenheiten wie diese ließ er niemals aus. Er breitete seine Arme aus, klopfte mit dem Zeigefinger auf den Tisch und forderte voller Inbrunst: „Gehen Sie selber in die Familien und stellen Sie sich vor Ort den Herausforderungen des Erziehungsalltags. Tauchen Sie ein in das wahre Leben! Begeben Sie sich selbst in den Erziehungsdschungel! Dann kann auch keiner mehr behaupten, Sie theoretisierten."

„Wer behauptet das?"

„Ben, Sie wissen doch, wie die Leute sind."

Reginald beugte sich vertrauensvoll zu Ben hinüber.

„Oder wollen Sie kneifen?"

„Nein ... ich meine ... auf keinen Fall ..." Ben geriet ein wenig
ins Stottern. „Die Idee ist ... gut. Wirklich ... gut."
„Die ist ja schließlich von mir! Und außerdem haben wir dann
auch etwas für unsere Pressefrau. So kann sie die Nervensäge mit
der Homestory abwimmeln."

„Homestory?" Ben kam ins Schwitzen. „Wir hatten doch abgemacht: keine Homestorys."

Reginald klopfte Ben beruhigend auf die Schulter. „Klar! Sonst
müssten Sie sich ja noch irgendwo eine Frau und zwei Kinder
leihen!" Der Verleger lachte dröhnend.

Ben schüttelte verzweifelt den Kopf. „Warum bin ich damals nur
darauf eingegangen?"

„Alles kein Problem. Der *Erziehungs-Oscar* wird ein neuer Bestseller! Ihr Konto freut sich. Und unser Konto freut sich natürlich
auch. Alle sind glücklich. Bei dem Geschäft gibt es nur Gewinner!"

„Aber wer wird sich wohl auf so etwas einlassen?"

„Einen kenne ich schon: Sie! Die anderen müssen Sie eben noch
finden. Aber unter den Tausenden, die ihre Bücher lesen, werden
schon ein paar dabei sein. Ich bin gespannt." Der Verleger stand
auf und drückte Ben fest die Hand. „Halten Sie mich auf dem
Laufenden!"

Was sollte er machen? Ben Benningsen konnte nur noch nicken.
Er spürte zwar, dass er sich da gerade auf ein fragwürdiges Abenteuer eingelassen hatte. Aber richtig begreifen konnte er die
ganze Sache noch nicht. Das kam erst nach und nach ...
Zu Hause befiel Ben blanke Panik. Er stellte sich erst einmal
unter die Dusche, um wieder klar zu werden. Aber ständig
kreisten dieselben Gedanken in seinem Kopf: „Jetzt fliegt alles
auf! Die ganze Welt wird dich für einen Hochstapler halten."

Vielleicht sollte er sich ganz schnell eine Frau suchen? Über das Internet ging das heute ja ganz einfach. Aber davon nahm Ben dann doch Abstand, als er wieder etwas ruhiger war.

Irgendwie musste er da durch. Nur wie? Ben Benningsen hatte keinen blassen Schimmer. Ein Spruch von Pestalozzi fiel ihm ein.

Wenn der Mensch sich etwas vornimmt, so ist ihm mehr möglich als man glaubt.

Pestalozzi

Aber im Augenblick wusste Ben einfach nicht, wie er beginnen sollte. In dieser Nacht wälzte er sich unruhig in seinen Kissen. Und als das erste Licht des Morgens sich seinen Weg durch die Wolken bahnte, stand er auf. Er ging ins Arbeitszimmer und bückte sich, weil ein Buch vom Schreibtisch gefallen war. Es war von Pestalozzi. *Lienhard und Gertrud* stand auf dem Titelblatt. Ben hob es auf, setzte sich an den Schreibtisch und versuchte seine Gedanken zu ordnen. Wie sollte er jemanden finden, der perfekt erzieht? Was war perfekte Erziehung überhaupt? Wie sah die aus? Hm. Wenn sich jemand mit perfekter Erziehung auskannte, dann Pestalozzi. Viele seiner Ansichten waren für Ben Benningsen immer wegweisend gewesen. Er begann in dem Buch zu blättern und entdeckte eine gelb markierte Stelle.

Der Mensch ist von Natur, wenn er sich selbst überlassen wild aufwächst, träge, unwissend, unvorsichtig und ohne Grenzen gierig. Man muss ihn durch Erziehung in seinem Innersten verändern und umstimmen, damit er sozial brauchbar wird.

Pestalozzi

Ein ziemlich negatives Menschenbild ... jedenfalls theoretisch.
Aber hatte sich Pestalozzi nicht auch als „Märtyrer für die
Menschheit" bezeichnet?

Ich habe alles geopfert und nichts erreicht.

Pestalozzi

Wie wahr! In seinem eigenen Erziehungsalltag hatte es wirklich
finster ausgesehen. Sein Sohn, Opfer der harten Erziehung seines
Vaters, starb schon mit 31 Jahren. Und wie war es bei Rousseau,
einem anderen Klassiker in der Erziehungsliteratur? Hatte der
nicht postuliert, jede Mutter müsse ihr Kind selber erziehen?
Und wo waren seine fünf unehelichen Kinder geblieben? Die
hatte er alle in Findelhäuser fortgegeben.
Also, so einfach schien das alles nicht zu sein mit der Umsetzung
der Theorie in die Praxis. Doch Ben wollte sich nicht entmutigen
lassen. Schließlich predigte er das ja auch in seinen Büchern.
„Predigen?" Ben stolperte über das Wort. Ja, manchmal kam er
sich schon wie ein Pfarrer vor, der über die Kindererziehung nur
predigte, ohne sie selber zu praktizieren.
Aber bekam er nicht immer wieder begeisterte Zuschriften von
vielen Eltern, bei denen seine Tipps funktionierten? Warum
sollte er Angst davor haben, sie selbst in der Realität zu über-
prüfen? Nein, er war sich sicher, dass er seinen Theorien vertrauen konnte. Und irgendwo würde er schon jemanden finden,
der perfekt erzieht. Fragte sich nur, wo.
Während er noch über dieses Problem nachgrübelte, steckte die
Lösung schon im Briefkasten.
Denn hier fand Ben noch an diesem Morgen eine Einladung
zum 65. Geburtstag seiner alten Lehrerin Margot Lühnefeldt.
Dieser Geburtstag sollte als großes Fest mit Familie und Freunden gefeiert werden. Margots Tochter Amelie Backes hatte

ihm die Einladung geschickt. Und in einem beiliegenden Brief
schrieb sie, dass Bens Kommen eine besondere Überraschung
für ihre Mutter sein sollte, da Margot immer so von ihm
schwärme und sehr stolz darauf sei, dass er als einer ihrer
Schüler es so weit gebracht hatte … und das auch noch mit
Margots Lieblingsthema „Erziehung".

Ben musste plötzlich grinsen. Er dachte an eine Sache, die ihn
und seine Lehrerin in besonderer Art und Weise verband. Ob sie
sich daran noch erinnerte? Vielleicht sollte er die Einladung
wirklich annehmen. Ben zögerte noch. Eigentlich mochte er
diese Art von gesellschaftlichen Zusammenkünften nicht. Ständig wurde er da angesprochen, musste Kluges sagen, immerzu
nicken, und wenn er das dritte Glas Wein getrunken hatte, meinte garantiert jemand: „Ihnen schmeckt es wohl." Und wer anders
kommentierte: „Ich betrachte Ihren Weinkonsum mit Sorge."
Dieses ständige Beobachtetwerden!

Andererseits war er auf der Suche nach Familien. Und wo lernt
man Familien besser kennen als auf einem Familienfest.

„Komm, Ben! Da musst du durch!", munterte er sich selber auf.
„Und vielleicht findest du da den Stoff für dein Buch! Das Fest
als Materialsammlung!"

Und wieder fiel ihm ein Satz von Pestalozzi ein. Er wird ihm
jedenfalls zugeschrieben. Es war einer von Bens Lieblingssätzen.

Wo kämen wir hin, wenn jeder sagte,
wo kämen wir hin, und keiner ginge,
um zu sehen, wohin er käme, wenn er ginge.

Pestalozzi

Also beschloss Ben, mal vorbeizuschauen bei Margot Lühnefeldts Geburtstagsfeier. Denn dass er diese Einladung gerade
jetzt bekam, war vielleicht doch kein Zufall.

Und Ben kam zu dem Schluss:

Es gibt keine Zufälle.
Denn alles hat seine Zeit.
Und manche Probleme
lösen sich dann von selber.

Und Ben notierte:

Tipps für die perfekte Erziehung
frei nach Pestalozzi:

* Lache dreimal am Tag mit deinem Kind.

* Das Verstehen kommt von stehen, das Begreifen geht über das Greifen.

* Das Kind muss frühzeitig und nachhaltig erfahren, dass die Mutter nicht allein um seinetwillen auf der Welt ist.

* Wo kämen wir hin, wenn jeder sagte, wo kämen wir hin, und keiner ginge, um zu sehen, wohin er käme, wenn er ginge.

Das Familienfest

Wie sich Ben Benningsen auf ein Familienfest begibt und dabei ins Netz verschiedener Familienbande gerät.

Ben Benningsen hatte direkt in der Nähe vom Goldkehlchenweg 13 einen Parkplatz bekommen. Für einen Moment fragte er sich wieder, was er hier tat, als er den Schlüssel aus dem Zündschloss zog. Und fast wollte er den Wagen wieder starten und mit irgendeiner Begründung doch noch absagen. Aber dann beschloss er, seiner alten Lehrerin doch wenigstens kurz zu gratulieren.

Ben stieg aus, machte sich auf den Weg und schaute sich die Einladung zu Margot Lühnefeldts 65. Geburtstag noch einmal an. Weißes Büttenpapier mit Goldschrift! Das hatte was! Aber seine alte Lehrerin war ja schon immer stilbewusst gewesen. Deswegen mussten sie als Kinder in der Schule auch jeden Tag ihre Hände vor ihr ausstrecken, um zu beweisen, dass diese gewaschen waren. Und wehe, Margot entdeckte Trauerränder! Dann bekam man eine Nagelbürste in die Hand gedrückt, musste in die

Waschräume gehen und durfte erst zurückkommen, wenn alle Fingernägel blitzsauber waren. Für Ben war dieser tägliche Extragang schon fast zur Gewohnheit geworden. Aber Margot gab nicht auf:

„Weißt du, Ben, die Hände sind die Visitenkarte eines Menschen", ermahnte sie ihn mit ihrem lieblichen Lächeln jedes Mal aufs Neue.

Ben kontrollierte seine Hände. Er atmete auf. Die Fingernägel müssten eigentlich Margots prüfenden Blicken standhalten. Und der blaugraue Leinenanzug auch. Ben hatte sich extra in Schale geworfen. Er spürte, wie mit einem Mal ein Gefühl von früher in ihm hochkam. Und dann sah er sich wieder als kleiner Ben die Schulbank drücken. Frau Lühnefeldt stand vor ihnen und erklärte mit ihrer sanften, freundlichen Stimme die Welt. Eigentlich war sie immer freundlich, schien für alles Verständnis zu haben, selbst wenn sie einen ermahnte. Dann war sie – so schien es jedenfalls – sogar noch ein wenig freundlicher. Irgendwie glaubte Ben in solchen Augenblicken oft zu spüren, dass sie innerlich kochte. Aber gezeigt hatte sie es nie. Bis auf das eine Mal, als Ben es hatte wissen wollen. Da hatte er sich etwas ausgedacht, das sie zum Platzen bringen sollte ... so sehr, dass sie ihre Fassung verlieren würde.

Ben musste schmunzeln, als er daran dachte, wie gut das damals geklappt hatte. Nachher hatte ihm Frau Lühnefeldt fast ein wenig leidgetan. Aber damals war seine heimliche Freude darüber, dass er es geschafft hatte, größer. Heute sah er das naturgemäß ein wenig anders. Eigentlich hatte sie noch eine Entschuldigung verdient. Und Ben nahm sich vor, die Sache unter vier Augen kurz anzusprechen, wenn sich die Gelegenheit bot.

Jetzt waren es nur noch ein paar Schritte bis zu der rot geklinkerten Villa, in der der Geburtstag gefeiert wurde. Das Haus gehörte Dr. Günther Lühnefeldt, Margots Sohn, und seiner Familie. Er war Kinder- und Allgemeinarzt.

Ben verlangsamte plötzlich seine Schritte, hielt für einen kurzen Moment inne. Wollte er sich wirklich in diese gediegene Familienidylle stürzen?

Er stellte sich vor, wie man zusammen stilvoll an einer gedeckten Tafel sitzen und gepflegt Konversation treiben würde. Jeder würde sich vor dem Trinken vornehm die Lippen mit der Serviette abtupfen. Dann gäbe es den einen oder anderen Toast auf Margot. Und wahrscheinlich würden seine Mundwinkel langsam anfangen wehzutun vom dauernden Lächeln. Sollte er sich das wirklich antun? Er zögerte erneut, blickte zurück zur Straße.

Da kam ihm eine Familie entgegen: Vater und Mutter Ende dreißig, und ein etwa zehnjähriger Sohn, dem offenbar der Schalk im Nacken saß, jedenfalls wirkte er auf Ben so. Ben kannte sie nicht. Aber sie kannten ihn, zumindest die Mutter. Sie war in ein fließendes Gewand aus gebatikter Seide gehüllt und hatte einen leicht federnden Gang, der auf eine gute Körperbeherrschung schließen ließ. Der Mann an ihrer Seite wirkte dagegen beinahe ungelenk. Er schien sich auch nicht wirklich wohlzufühlen, in dem edlen Hemd, das er zu seiner Jeans trug. Die Frau stutzte, dann kam sie sanft lächelnd auf Ben zu.

„Herr Benningsen, wie schön! Ich war letzte Woche in Ihrem Vortrag." Sie schaute ihren Mann ein wenig vorwurfsvoll an. „Als du wieder mal keine Zeit hattest!"

Der Mann zog genervt die Augenbrauen hoch, nahm Ben kaum wahr und rief seinem Sohn zu: „Komm, Felix, wir gehen schon mal rein."

Felix hatte inzwischen eine Kurve um Ben gemacht und hinter ihm Position bezogen. Mit einer Zwille im Anschlag wartete er auf den passenden Moment, das Gummi losschnalzen zu lassen. Für ihn war dieser Augenblick gekommen, als sein Vater ihn ansprach. Ein Papierkügelchen traf Ben im Nacken.

„Au!", machte der unwillkürlich und fasste sich an den Haaransatz.

Felix lachte und lief hinter seinem Vater her. „Felix, bitte! Das lassen wir jetzt aber", rief ihm seine Mutter besänftigend nach. Dann lächelte sie Ben entschuldigend an und reichte ihm die Hand zur Begrüßung.

„Belinda Koppmann-Schmitz. Der Stoffel gerade war mein Mann Hannes. Er ist Privatdetektiv." Sie zog die Schultern hoch. „Was will man da schon erwarten!"

Ben schaute sie fragend an. Aber Belinda schien es nicht wirklich zu interessieren, ob er zuhörte. Sie erzählte einfach weiter drauflos.

„Felix hat er mit in die Ehe gebracht. Wir sind eine klassische Patchworkfamilie. Ich habe noch eine ältere Tochter, Selina. Aber die ist zu Hause geblieben. Sie wissen ja, wie Teenager sind."

Ben musste sie stoppen, ehe sie nun auch auf die „Pubertät" zu sprechen kam. Dann würden sie wahrscheinlich noch Weihnachten hier stehen.

„Sind Sie auch zu dem Fest eingeladen?", erkundigte er sich. Belinda riss ihre Augen auf. „Sie etwa auch?", fragte sie voll freudiger Erwartung nach.

„Ja, schon, aber …" Ben versuchte noch einen Rückzieher zu starten, da nahm Belinda ihn schon am Arm.

„Wie schön! Sie tun uns allen bestimmt gut. Margot war mal in einem Yogakurs bei mir. Da hat sie mir erzählt, dass Sie ihr Schüler waren."

Ben nickte. Hinter einem fast jungenhaften Lächeln verbarg er seine eigentlichen Gedanken: „Jetzt steckst du in der Falle!", schoss es ihm durch den Kopf. „Aus dieser Nummer kommst du nicht mehr raus!"

Belinda ging mit Ben auf das Haus zu.

„Weiß Margot, dass Sie kommen?"

Ben schüttelte den Kopf.

„Ihre Tochter Amelie hat mich eingeladen … als Überraschung."

Da wurde die Haustür aufgerissen, und eine junge, unkompliziert wirkende Frau in einem locker sitzenden Baumwollkleid, das ihre weiblichen Rundungen unterstrich, strahlte Ben an.

„Ich bin Amelie, Amelie Backes, geborene Lühnefeldt!", begrüßte sie ihn. „Wie schön, dass Sie wirklich gekommen sind!"

„Ja, es hat dann doch gepasst", erwiderte Ben. Er ließ sich nicht anmerken, wie hilflos er sich fühlte. Er wurde gerade mitten in ein sensibles familiäres Beziehungsgeflecht gezogen und konnte nichts dagegen tun. Denn nun erschien hinter Amelie eine schlanke Frau mit einem modischen Kurzhaarschnitt und in eleganten Klamotten.

„Willkommen, Herr Benningsen", lächelte sie vornehm charmant. „Ich habe erst heute von meiner Schwägerin erfahren, dass Sie von ihr eingeladen wurden. Auf jeden Fall freue ich mich sehr, Sie in unserem Haus begrüßen zu können."

Ben warf einen kurzen Blick auf die Klingel. „Familie Lühnefeldt", war in das goldglänzende Messsingschild graviert, und darunter stand: Günther, Iris, Miriam, Moritz, Antonia.

„Dann sind Sie Iris Lühnefeldt?", schloss Ben.

Iris nickte. „Eigentlich Iris Könner-Lühnefeldt. Aber Lühnefeldt reicht völlig."

Belinda zwängte sich eilig an den beiden Frauen vorbei und fragte nur: „Ich hab mir frischen Ingwer zum Aufbrühen mitgebracht. Wo ist denn hier die Küche?"

„Amelie, zeigst du sie ihr bitte", antwortete Iris. „Dann bringe ich Herrn Benningsen schon mal zu Mutti."

„Seit wann sagst du denn Mutti zu Margot?", erkundigte sich Amelie schnippisch. „Sonst ist sie für dich doch immer nur Margot, deine Schwiegermutter eben." Ihre Augen blitzten die Schwägerin an. „Außerdem ist Ben Benningsen meine Überraschung!"

Iris warf Ben ein entschuldigendes Lächeln zu.

„Wir können ihn ja selbst entscheiden lassen", schlug sie vor.

Amelie schluckte ihre Antwort herunter. Aber der giftige Blick, mit dem sie Iris durchbohrte, sprach Bände.

„Ich finde den Weg in die Küche schon", bemerkte Belinda zaghaft und entschwand in den Flur.

Ben stand immer noch vor der Tür. Denn die beiden Frauen gaben den Eingang nicht frei.

„Was ist? Wollt ihr den Jungen nicht reinlassen?", erkundigte sich da ein etwas rundlicher, gutmütig wirkender älterer Herr mit weißem Haarkranz. Sein verschmitztes Lächeln strahlte Gemütlichkeit und Freude am Genuss aus.

„Das ist Ben Benningsen", stellte Iris Ben vor.

„Jau. Ich bin der Willi. Willi Backes." Er streckte Ben seine wuchtige, wettergegerbte Hand entgegen und bahnte sich den Weg zwischen den beiden Schwägerinnen hindurch. „Amelies Michael ist mein Sohn."

„Ja, Papa, aber wir sollten jetzt wirklich nicht alle hier stehen bleiben." Amelie versuchte ihren Schwiegervater sanft zum Rückzug zu bewegen.

„Das sage ich doch die ganze Zeit", erklärte Iris.

Endlich betraten sie gemeinsam das Haus.

Ben schaute sich in der weiträumigen Diele um. Das Haus strahlte einen puristischen Charme aus. Jedes Detail schien mit Bedacht ausgewählt.

„Fast alle sind draußen im Garten", erklärte Iris. „Zum Glück spielt das Wetter ja mit." Und sie deutete auf die Terrasse, die man vom Wohnzimmer aus betreten konnte. Ein großes weißes Zelt war auf der Rasenfläche aufgebaut. Und dort tummelten sich die Gäste, unter ihnen auffällig viele Kinder.

„Meine Mutter, also Margot, fand es schön, als alte Lehrerin nicht nur Erwachsene auf ihrem Fest zu haben, sondern auch viele Kinder", bemerkte Amelie. „Sie mag ja Kinder."

Und da kam Margot auch schon herüber. Ihr untrüglicher Instinkt hatte ihr gesagt, dass da ein besonderer Gast gekommen war. Als sie jetzt Ben Benningsen erblickte, fehlten ihr im ersten Augenblick die Worte. Sie blieb stehen, stutzte, dann schlug sie die Hände vors Gesicht, als wolle sie sich vergewissern, dass das alles keine Halluzination war.

„Ben? Ben bist du es? Bist du es wirklich?" Sie schaute ihn von oben bis unten an. „Ben Benningsen?"

Ben wusste nicht so recht, was er jetzt sagen sollte. Schließlich entschied er sich für ein einfaches „Ja, ich bin es, liebe Frau Lühnefeldt. Herzlichen Glückwunsch zum Geburtstag!"

Und er reichte ihr die Hand. Margot schüttelte und schüttelte sie. „Nein, das ist ja eine Überraschung! Ich habe so häufig von dir gesprochen."

Amelie nickte, und Margot hielt Bens Hand immer noch fest.

Erst Willi machte dem ein Ende.

„Margot, wenn du so weitermachst, fällt dem Jungen gleich der Arm ab ", bemerkte er trocken.

Margot lachte und zog ihre Hand zurück. Irritiert schaute sie sich in der Runde um.

„Aber woher weißt du? Ich meine, wer hat dich eingeladen?"

Ben zeigte auf Amelie.

„Kind, nein, so was!", staunte Margot. „Und du hast mir kein Wort gesagt!"

„Es sollte eine Überraschung sein!", erwiderte Amelie stolz.

„Ja, es war für uns alle eine Überraschung", bemerkte Iris ein wenig spitz.

Ben rückte an Margot heran und raunte ihr vertraulich zu:„Ich war mir ja gar nicht sicher, ob Sie mich nach der Sache damals in der vierten Klasse überhaupt jemals noch sehen wollten."

„Ach, Ben …", wehrte Margot ab. „Damals war ich wirklich sehr entrüstet, sehr böse. Aber heute …"

„Was war denn damals?", erkundigte sich Amelie neugierig.

Ben und Margot schauten sich an.

Margot nickte lächelnd. „Es ist ja jetzt so lange her …"

Willi klopfte Ben auf die Schulter: „Also, Junge, dann beichte mal."
Und Ben erzählte …

Margot aus der Reserve zu locken, war harte Arbeit!

Ben Benningsen

Mit einem schelmischen Lächeln schaute Ben in die Runde.
„Es war kurz vor Schuljahrsende", begann er. „Und an diesem
Tag war ich wirklich stolz. So stolz wie lange nicht. Denn an
diesem Tag hatte ich es tatsächlich geschafft! Alle in der Klasse
bewunderten mich für meine Leistung. An dem Tag war ich
wirklich der Größte!"
„Haben Sie da erfahren, dass Sie versetzt werden?" Amelie
schaute Ben fragend an.
Margot schmunzelte in sich hinein und verdrehte die Augen.
„Nein", grinste Ben. „Mit den Zeugnisnoten hatte das rein nichts
zu tun." Sein Grinsen wurde breiter. „An diesem Tag hatte ich
endlich einen Weg gefunden, die immer ach so beherrschte Frau
Lühnefeldt aus der Reserve zu locken."
„Ja, das ist auch heute noch nicht einfach", erklärte Willi. „Die
liebe Margot hat immer einen Spruch parat, stimmt doch?" Und
er schaute sie schmunzelnd an. „Der liebe Gott weiß alles, und
du weißt alles besser."
„Ach, Willi!", schimpfte Margot amüsiert. „Nun lass man gut
sein."
„Ja, genau das war es, was uns auch so nervte", erinnerte sich Ben.
„Frau Lühnefeldt hatte immer für alles Verständnis. Das Lächeln
wich kaum aus ihrem Gesicht, selbst wenn sie stocksauer war. Ich
meine, wie sollten wir da wissen, wann sie wirklich sauer war?"
Ben machte eine kurze Pause.
„Na gut, an dem Tag haben wir es gemerkt."
„Und was ist genau geschehen?", wollte Iris wissen.

„Tja, da hab ich einfach mal in die Ecke vom Klassenraum ge-pinkelt."

Iris und Amelie erstarrten. Für einen kurzen Moment sagte keiner ein Wort.

„Du hast wirklich …?" Willi fing dröhnend an zu lachen, haute seine Hände auf die Schenkel.

„Ja, ich bin mitten in der Stunde aufgestanden …", fuhr Ben fort.

„Ohne sich zu melden", ergänzte Margot vorwurfsvoll.

Ben nickte. „Dann bin ich in die Ecke gegangen … habe mich da hingestellt und gepinkelt."

Iris und Amelie fehlten immer noch die Worte.

„Und ich bin heulend aus dem Klassenzimmer gerannt", erklärte Margot.

Ben nickte schuldbewusst, aber seine Augen hatten einen leicht schelmischen Ausdruck.

Da tauchte ein etwa zehnjähriger Junge auf aus einem der Zimmer, die von der Diele abgingen.

„Also 'ne Sauerei war das schon von dir!", bemerkte er.

„Danny, wo kommst du denn her?", erkundigte sich Amelie. Und zu Ben gewandt: „Das ist Danny, unser Zweitältester."

„Danny, hast du die ganze Geschichte gehört?", fragte Margot bestürzt.

„Ist schon okay, Oma. Keine Angst, bei unserer Lehrerin hab ich das nicht nötig. Die flippt von selber aus."

„Ja, bei deiner lieben Oma hat das lange gedauert. Das war wirk-lich harte Arbeit, bis ich das geschafft hatte", schmunzelte Ben.

„Vier Jahre, stell dir das vor … vier Jahre!"

Alle Blicke waren jetzt auf Margot gerichtet.

„Was schaut ihr mich so an? Auf jeden Fall hat Ben dadurch einen nachhaltigen Eindruck bei mir hinterlassen. Und so schlecht kann mein Unterricht nicht gewesen sein. Immerhin ist aus dem Jungen ja richtig was geworden."

Iris lächelte gequält und meinte: „Auf den Schock sollten wir uns vielleicht ein wenig stärken. Herr Benningsen, darf ich Ihnen das Buffet zeigen?"

„Ich wollte eigentlich gar nicht lange bleiben, nur eben gratulieren", wollte Ben sich entschuldigen.

Aber er erntete von allen Seiten nur Protest. Vor allem Margot drohte damit, für immer todbeleidigt zu sein, wenn er nicht noch bliebe. Also fügte sich Ben in sein Schicksal und folgte der Gruppe in den Garten.

Danny stahl sich an seine Seite.

„Die können ganz schön nerven, oder?"

„Du kennst dich da bestimmt noch besser aus als ich", erwiderte Ben und lachte Danny an.

Happy birthday, du Kuh!

Gloria

Sie hörten mit einem Mal eine glockenhelle Mädchenstimme singen. Und voller Inbrunst fuhr die Kleine fröhlich fort: „Happy birthday, du Kuh! Du Kuh! Du Kuh! Happy birthday, du Kuh!"

Ben und Danny schauten sich um. Ein kleines Mädchen mit blonden Locken und einem engelsgleichen Gesicht war mit ihren Eltern eingetroffen.

„Gloria, das heißt ‚to you', Schatz!", verbesserte ihre Mutter.

„Das ist doch englisch", erklärte der Vater.

Und Gloria fing wieder an zu singen: „Happy birthday to you!" Aber irgendwie schien ihr die andere Version besser zu gefallen, und so brüllte sie: „Happy birthday, du Kuh!"

„Gehören die auch zur Familie?", fragte Ben Danny.

„Ne. Ich glaube, Oma kennt sie aus dem Kindergarten. Da liest sie manchmal vor."

Schon eilte Margot auf die Familie zu: „Herr Görgens, Frau Görgens, wie schön!"

Gloria ging hinter dem Rock ihrer Mama in Deckung.

„Und dein Lied war sehr schön, Gloria", lobte Margot. „Aber das müssen wir dann noch mal ein bisschen üben, gell?"

Und mit einem Seitenblick zu Ben fragte sie augenzwinkernd: „Oder, Ben? Was sagst du als Experte, der auf jede Erziehungsfrage die richtige Antwort hat?"

Ben zuckte mit den Schultern: „Ich kann nicht gut singen."

Er wollte sich auf keinen Fall in die Rolle des Erziehungsfachmannes drängen lassen, der hier alle möglichen Fragen zu beantworten hatte.

Familie Görgens überreichte Margot ein Geschenk.

Ben überlegte gerade, ob er sich zu den Männern am Grill oder zu den Frauen am Buffet gesellen sollte, da schlug Danny ihm vor: „Soll ich mal eine kleine Familienführung machen für dich?"

Ben nickte. „Ich bin gespannt."

Danny zeigte in Richtung des großen Grillspießes, auf dem sich ein Spanferkel drehte. Zwei Männer begutachteten den Braten. Es waren Dr. Günther Lühnefeldt und sein Schwager Michael Backes.

Amelie ging eben auf Michael zu und zog ihn zur Seite.

„Das da hinten sind meine Mama und mein Papa", erklärte Danny. „Wir sind die Familie Backes. Und da gehören noch meine beiden Geschwister Tina und Timmi zu."

Danny schaute sich suchend um. „Aber wo Timmi gerade steckt, weiß ich nicht. Und Tina wollte erst später kommen."

Er deutete auf Dr. Lühnefeldt, der ganz im Gegensatz zu dem bodenständigen Michael etwas vergeistigt wirkte und abwesend auf das Spanferkel blickte.

„Das ist Onkel Günther, Mamas Bruder. Er ist auch unser Doktor, und ihm und Tante Iris gehört das Haus hier."

Ben konnte hören, wie Amelie ihren Mann aufforderte:

„Michael, bitte! Überleg es dir bitte mit der Rede." Ihre Stimme klang hart. Aus schmalen Lippen zischte sie: „Bitte!"

Danny hörte es. Und er wusste, was es bedeutete.

„Wenn Mama zu Papa sagt: ‚Michael, bitte!', dann weiß ich, dass Stress in der Luft liegt. In letzter Zeit sagt sie das andauernd. Und daraufhin schaut sie ihn immer an, so wie sie mich anschaut, wenn ich meine Zähne nicht putzen will. Ihr Mund ist dann zwar geschlossen. Aber ich weiß genau, dass sie gerade ganz viele Wörter verschluckt. Doch ich kann sie auch dazu bringen, die rauszulassen ..."

Danny schaute Ben amüsiert an.

„Wie denn?", wollte Ben wissen.

„Na, ganz einfach. Wenn ich die hören will, dann muss ich nur stur bleiben und mir die Zähne weiter nicht putzen, dann spuckt sie die alle aus."

Und Danny imitierte seine Mutter leise: „Muss ich dir das denn immer wieder sagen? Kannste das nicht einmal von alleine machen? Ich hab's wirklich langsam satt. Immer bleibt alles an mir hängen."

Ben schmunzelte. „Und wie reagierst du darauf?"

Danny wiegte den Kopf hin und her.

„Ich schau sie ganz erschrocken an, find's aber eigentlich lustig, weil sie sich so viel Mühe gibt, nicht ganz auszuflippen. Da tut sie mir fast leid. Weil's doch auch Spaß macht, mal auszuflippen. Und dann denk ich mir, den Spaß soll sie auch mal haben. Also putz ich mir immer noch nicht die Zähne. Und dann kriegt sie plötzlich ganz große Augen ... wie der Wolf bei Rotkäppchen – und brüllt los: ‚Jetzt putzt du dir die Zähne, verdammt noch mal! Was soll die Scheiße!' Und dann hab ich sie erwischt."

Weil Scheiße sagt man ja nicht.

Danny

29

Das weiß meine Mama genau. Und das sage ich ihr, und dann ist sie plötzlich still. Und dann wird sie ganz lieb, weil's ihr so leidtut, dass sie geschrien hat. Weil sie das ja nicht will. Also eigentlich schon will, aber irgendwie meint sie, dass sie das nicht darf. Mütter zum Schreien zu bringen, ist ein guter Trick. Danach kannst du alles von ihnen haben! – Aber du verrätst den Trick doch nicht?", beschwor er Ben.

„Auf jeden Fall verrat ich nicht, dass ich ihn von dir hab", erwiderte der.

Danny zuckte mit den Schultern.

„Ist auch egal. Ich denk mir einfach einen neuen aus."

Dann legte der Junge seine Stirn in tiefe Falten und fuhr fort: „Ich versteh nicht, dass Papa das noch nicht durchschaut hat. Der versucht immer zu reden, wenn Mama ‚Michael, bitte!' zu ihm sagt. ‚Amelie, lass uns das klären', sagt er dann und will, dass Mama ihn versteht. Aber das will Mama dann oft nicht." Er schüttelte seinen Kopf. „Sie wollte auch nicht verstehen, dass Papa heute keine Rede halten möchte. Weil Oma Margot ihn noch nie leiden konnte. Das hat Papa zu Mama gesagt. Und Mama hat dann gesagt: ‚Michael, bitte, das stimmt doch gar nicht!' Wahrscheinlich dachte Mama, sie weiß das besser. Weil Oma Margot ja ihre Mutter ist."

Ben nickte verstehend.

„Und wie verstehst du dich mit deiner Oma Margot?", fragte er Danny.

Der überlegte kurz und meinte dann: „Ich finde Oma Margot eigentlich ganz okay. Sie bringt immer gute Geschenke mit, gibt uns auch noch Extrataschengeld. Nur wenn wir bei ihr fernsehen wollen, dann textet sie uns erst zu. Sie glaubt, dass das schädlich für uns ist." Er nickte mit seinem Kopf. „Das ist schon in Ordnung. In ihrem Fernseher hat sie sogar eine Kindersicherung. Aber der Code ist ganz einfach zu knacken." Er blickte Ben etwas nachdenklich an.

„Bei Oma Lotte und Opa Willi läuft das alles viel einfacher. Da dürfen wir alles schauen. Durfte Papa früher auch. Oma Lotte und Opa Willi sind ja seine Eltern."

Ben schmunzelte. Aus den Augenwinkeln heraus sah er, wie Iris sich ihren Mann schnappte und auf ihn zukam.

„Hier, Herr Benningsen, ich wollte Ihnen doch eben mal meinen Mann vorstellen."

Der schien sich nicht ganz wohl in seiner Haut zu fühlen. Iris gab ihm noch einen leisen Stups.

„Günther! Ben Benningsen hat die Bücher geschrieben, die du auch mal lesen solltest! Erinnerst du dich, Schatz?"

Der leicht vorwurfsvolle Ton in ihrer Stimme war nicht zu überhören. Ihr Mann reichte Ben die Hand.

„Dr. Günther Lühnefeldt", stellte er sich förmlich vor. Aber dann ging ihm auch schon der Gesprächsstoff aus. „Ja, was soll ich sagen … fühlen Sie sich bitte wie zu Hause! Wollen Sie etwas trinken?", sagte er noch.

Ben verneinte und zeigte ihm sein gefülltes Weinglas.

„Ja, dann!", erklärte Günther und widmete sich wieder den für ihn wirklich wichtigen Dingen des Abends. Er holte sich ein Bier und schaute nach dem Spanferkel. Iris folgte ihm und redete dabei fortwährend auf ihn ein.

Danny schaute den beiden nach.

„Onkel Günther redet nicht viel", kommentierte er den Auftritt von Margots Ältestem. „Das tut Tante Iris immer für ihn. Und dann sagt sie immer: ‚Oder was meinst du, Schatz?' Und Onkel Günther sagt dann nur ‚Mhmmhm', ‚Kann schon sein' oder ‚Du musst es ja wissen, Liebling.' Und wenn er ‚Du musst es ja wissen, Liebling' sagt, ist er meistens schon ziemlich genervt. Aber Tante Iris denkt dann, er ist wohl überarbeitet."

Danny machte eine kurze Pause, schaute in die Runde. „Tante Iris und Onkel Günther haben auch drei Kinder: Miriam – sechzehn. Das ist die, die da so perfekt mithilft."

Danny deutete auf ein wohlerzogen wirkendes junges Mädchen, das mit einem Tablett herumging und nach leeren Gläsern schaute. Dann schweifte sein Blick suchend durch den Raum.

„Moritz – vierzehn … ist gerade nicht da, hockt wahrscheinlich vor seinem Computer. Und der Zwerg …" Danny zeigte auf ein knapp fünfjähriges Mädchen mit frech forschem Gesichtsausdruck, das sich von Felix die Zwille erklären ließ. „Das ist Antonia."
Antonia startete einen ersten Versuch und traf mit ihrem Papierkügelchen prompt Margot an der Backe.

Erschrocken drehte die sich um und ermahnte Felix schärfer, als sie es wollte:

Du, so was tut man aber nicht! Das hätte ins Auge gehen können!

Margot

Danny und Ben beobachteten die Szene.
„Antonia hat's raus!", grinste Danny.
Das hatte Margot gehört.
„Da musst du gar nicht so grinsen!", fuhr sie Danny an. „Mit solchen Wurfgeschossen ist wirklich nicht zu spaßen!"
Und an Benningsen gewandt: „Da hab ich doch recht, Ben?"
„Nick jetzt einfach", flüsterte Danny ihm zu.
Und Ben nickte.
„Also, Oma Lotte und Opa Willi sind ja viel lockerer als Oma Margot", nahm Danny den Faden wieder auf, als Margot außer Hörweite war. „Opa Willi war früher mal Fährmann und hat davor Schiffe über den Rhein gefahren. Er hat auch noch ein Boot. Vielleicht lässt er dich mal mitfahren?"
„Da wär ich sofort dabei!", rief Ben begeistert. „Machst du das für mich ab?" Ben schaute Danny fragend an.
„Klar! Mach ich!"

Danny reichte ihm zum Versprechen die Hand, Ben schlug ein. Sie verstanden sich prächtig.

Ein Hauch von teurem Parfüm erfüllte mit einem Mal die Luft. Danny schnupperte. „Das riecht nach Tante Claudia", stellte er fest. „das ist die Schwester von meiner Mama."

Ben und er schauten sich um. Ein Businesspärchen in edlen Designerklamotten betrat die Bildfläche.

„Der Typ, den sie dabeihat, ist Denis Markwart. Ihr Freund", erläuterte Danny. „Aber eins ist merkwürdig", wunderte er sich. „Tante Claudia lächelt. Sonst ist sie eher gestresst, halt immer ‚very busy'!"

„Verstehe", erwiderte Ben. „Ihr Zeitfenster ist grundsätzlich zu klein. Oder?"

Danny sah ihn fragend an.

„Vergiss es", erklärte Ben. „Hält dieser Denis Markwart jetzt etwa eine Rede?"

Und in der Tat sammelte Denis alle Anwesenden auf der Terrasse um sich. Claudia Lühnefeldt lächelte vielsagend dazu. Sie hatte ein üppig eingepacktes Geschenk für ihre Mutter unter dem Arm. Auch Ben und Danny reihten sich in den großen Kreis ein. Iris stupste Günther an und tuschelte ihm zu.

„Eigentlich hätte es sich gehört, dass *du* eine Rede auf deine Mutter hältst."

„Wir richten hier das Fest für sie aus. Das reicht doch wohl!", verteidigte sich Günther.

„Wir! Du bist gut", beschwerte sich Iris.

Es ist doch mal wieder alles an mir hängen geblieben!

Iris

Günther drückte ihr einen flüchtigen Kuss auf die Stirn. „Das hast du aber alles mal wieder ganz wunderbar gemacht, Liebling!"

Und als hätte Amelie das gehört, beschwerte sie sich bei ihrem Michael: „Schade, dass du es nicht geschafft hast, eine Rede für Mutti vorzubereiten. Es wäre eine nette Geste gewesen. Sie hätte sich bestimmt sehr gefreut."

Michael zwinkerte ihr zu, erhob sein Glas und rief in die Runde: „Ich finde, statt langer Reden erheben wir doch einfach alle mal das Glas auf unsere liebe Margot! 65 Jahre und kein bisschen leise! Das muss ihr erst mal jemand nachmachen!"

Alle prosteten der Jubilarin zu und wünschten ihr alles Gute.

Margot blickte gerührt in die Runde.

Danny lenkte Bens Aufmerksamkeit auf seinen kleinen Bruder Timmi.

„Der hat mal wieder Schiss!", erklärte Danny.

Timmi hatte ein selbst gemaltes Bild in der Hand und wollte es Oma Margot übergeben, traute sich aber nicht so recht. Antonia, Iris' kleine Tochter, bemerkte das, nahm Timmi bei der Hand und zog ihn unsanft mit zu Margot hin.

„Wir haben dich lieb, Omi!", erklärte Antonia. „Und Timmi hat ein Bild für dich gemalt."

Stolz übergab Timmi seiner Oma das Bild.

„Das ist aber lieb von dir!", lobte ihn Margot lächelnd. Aber als sie das Bild betrachtete, gefror ihr Lächeln. Sie zeigte es in die Runde. Ein unförmiges, monsterartiges Wesen war darauf zu sehen.

„Bin ich das?", wollte Margot verunsichert wissen.

„Nein, das ist ein Geburtstagsmonster!", erklärte Timmi amüsiert. „Das sieht man doch!"

„Ah ja", antwortete Margot zögerlich. „Und das will mir gratulieren?"

„Nein. Das hat dich gefressen."

Für einen kurzen Moment erstarrten Margots Gesichtszüge erneut.

„Timmi!", ermahnte ihn seine Mutter Amelie. Michael stand daneben und grinste breit. Auch Ben musste schmunzeln, und Danny kommentierte voller Stolz: „Der ist ziemlich cool, mein Bruder."

Margot wandte sich kurz Ben zu. „Tja, wie reagiert man denn da richtig?"

„Fragen Sie ihn doch mal, warum das Monster das macht", riet er.
Margot wollte sich gerade zu Timmi drehen.

Da antwortete der schon: „Warum? Na, ist doch klar, Oma! Weil es dich zum Fressen gern hat!"

Alle lachten, und Margot lachte am lautesten.

Als es wieder ruhiger wurde, nutzte Denis Markwart die Gelegenheit, um das Wort zu ergreifen. Er winkte Claudia ganz dicht zu sich heran.

„Liebe Margot!", begann er feierlich. „Jeder hat dir heute ein kleines Geschenk mitgebracht. Bei uns ist es etwas ganz Besonderes."

Claudia lächelte ihn bei diesen Worten selig an.

Und Denis fuhr fort: „Es gab etwas, das dir, wie du so oft erwähnt hast, schlaflose Nächte bereitet hat. Wir hoffen, damit ist es jetzt vorbei." Und vielsagend fügte er hinzu: „Dafür werden sie bei uns wohl bald anfangen."

Claudia überreichte ihrer Mutter das weiße Paket, das mit einer großen goldenen Schleife umwickelt war. Margot betastete es.

„Fühlt sich an wie ein Kissen. Ist das vielleicht so ein antiallergisches Gesundheitskissen mit eingebauten Magneten?"

Denis und Claudia schüttelten beide den Kopf. Gespannt öffnete Margot das Paket. Timmi und Antonia rückten ganz nah heran.

Ein großes Kissen kam zum Vorschein mit einem aufgedruckten Schwarz-Weiß-Ultraschallbild. Timmi und Antonia schauten es sich an.

„Hä?!", sagte Timmi. „Das ist ja eine Mondlandschaft."

„Ne, das sieht aus wie die Bilder, die mein Papa machen kann mit so einem Computerapparat."

„Heißt das …?" Margot beendete den Satz nicht, so erstaunt war sie.

Claudia nickte nur glücklich.

„Ja, dann herzlichen Glückwunsch!", erklärte Margot. Aber es klang wenig euphorisch.

„Freust du dich gar nicht, Mutti?", fragte Claudia. „Du hast dir doch auch von mir immer ein Enkelkind gewünscht."

„Sicher, Kind." Margot tätschelte die Wange ihrer Tochter.

„Aber weißt du, noch mehr hätte ich mir alles in der richtigen Reihenfolge gewünscht."

Und sie setzte ihren Lehrerinnen-Blick auf.

**Erst die Hochzeit, dann das Kind.
Aber das ist heute wohl alles anders.**

Margot

„Jetzt hör mir mal gut zu, Mutti!", fauchte Claudia. „Ich lebe mein Leben so, wie ich es für richtig halte. Und ich habe keine Lust, mir von dir immer jede Freude kaputt machen zu lassen!"

„Kind, aber nein! Ich freue mich doch auch. Ich meinte ja bloß. Ihr macht das, was ihr für richtig haltet. Bei mir hätte es das früher so nicht gegeben. Aber die Hauptsache ist doch, du bist glücklich!"

„Super! Du hast es mal wieder geschafft, dass ich es nicht bin!"

Und mit einem energischen „Komm, Denis, wir gehen!" verschwand Claudia in Richtung Haustüre.

Denis schaute noch einmal hilflos in die Runde und folgte ihr.

Amelie raunte ihrer Mutter aufgebracht zu: „Na, prima, Mama! Das haste ja mal wieder gut hingekriegt!"

Dann verließ auch sie die Terrasse.

Margot blickte kurz hinterher, drehte sich dann lächelnd um und verkündete: „Das Buffet ist eröffnet."

Als alle losstürmten, hielt Margot Ben auf: „Was habe ich denn jetzt schon wieder falsch gemacht?", seufzte sie.

Da bemüht man sich sein ganzes Leben, die Kinder richtig zu erziehen. Und dann ist doch immer alles falsch.

Margot

Ben wollte schon zu einer Antwort ansetzen, im Sinne von „Es ist eben, wie es ist", da stellte Margot in ihrem Eifer schon die nächste Frage: „Wie geht es dir denn da mit deiner Familie?"

Für einen kurzen Moment wurde es Ben heiß und kalt. Wenn Margot ihn nun durchschaute? Da kam Opa Willi.

„Junge, was ist dir denn für eine Laus über die Leber gelaufen?", erkundigte er sich.

Ben winkte lächelnd ab.

„Ich habe ihn nur gefragt, ob er denn seine Kinder immer richtig erzieht", entschuldigte sich Margot.

„Ne, was für ein Blödsinn! Margot! Die richtige Erziehung gibt's doch sowieso nicht!"

„Na ja, das ist die Frage", erwiderte Ben und wollte gerade von seinem neuem Buch berichten. Da klopfte Willi ihm auf die Schulter.

„Du machst das schon, Junge. ,Immer schön auf den Bauch hören', würde Lotte jetzt sagen. Aber sag mal, warum hast du *deine* Lotte eigentlich nicht mitgebracht?"

„Äh, was? Welche Lotte?", stotterte Ben.

„Na, deine Frau! Ich weiß doch nicht, wie die heißt."

„Ach so. Meine Frau …" In Ben arbeitete es. „Ja, Josephine heißt sie", schwindelte er.

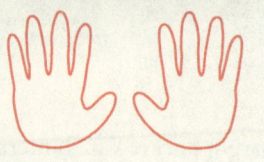

„Ein schöner Name", befand Margot.

„Und bestimmt ist es auch eine schöne Frau!", erklärte Willi augenzwinkernd.

„Ja, ja ", antwortete Ben schnell. Er fürchtete weitere Nachfragen. Deswegen wechselte er lieber schnell das Thema.

„Das Buffet sieht ja wirklich lecker aus. Ich glaube, da muss ich jetzt auch mal hin."

„Nur zu, Ben!", ermunterte ihn Margot. „Wer viel geistig arbeitet, muss auch gut essen."

Ben lächelte dankbar und wandte sich dem Buffet zu. Er hatte Glück. Der erste Ansturm war gerade vorüber, und er konnte in Ruhe zwischen den verschiedenen Köstlichkeiten auswählen.

Da bemerkte er am Ende der langen, weiß eingedeckten Tafel zwei Jungen, einer war etwa fünf oder sechs Jahre alt, der andere nicht älter als drei. Voller Hingabe patschten sie mit ihren Händen in die rote Grütze, drückten sie dann auf die Tischdecke und verliehen ihr so ein ungewöhnliches Muster.

„Leon? Jannis? Was macht ihr da?", erkundigte sich ihre Mutter. Sie ahnte nichts Gutes und eilte sofort herbei.

Die beiden Buben strahlten sie an. Die Mutter fasste sie an den Armen und griff nach den Servietten. Genervt wischte sie die Rote-Grütze-Händchen ab.

„Oh nein! Das darf doch nicht wahr sein!"

Sie schaute sich nach ihrem Mann um. Er unterhielt sich gerade angeregt mit Michael.

„Jakob! Hilfst du mir mal?", rief sie ihm zu.

„Keine Panik, Schatz! Für die modernen Waschmittel ist das kein Problem!"

In diesem Augenblick tauchte auch Margot auf.

„Frau Lühnefeldt, es tut mir so leid. Leon und Jannis haben mal wieder rumgeschmiert."

„Macht doch nichts, Frau Schindelbeck", beruhigte Margot sie.
„Das geht bestimmt in der Wäsche wieder raus."

„Meine Rede", warf der Mann ein.

Dann verschwanden die Eltern mit den Jungen in Richtung Badezimmer.

Ben hatte zugesehen, während er von den verschiedenen Vorspeisen auf seinem Teller probierte. Ihm fiel wieder Pestalozzi ein.

Das Begreifen geht über das Greifen, das Erfassen kommt von fassen.

Pestalozzi

Ben schmunzelte. Diese beiden hatten das eben sehr wörtlich genommen. Hätte Pestalozzi hier nicht seine Freude gehabt? Oder wie hätte er wohl reagiert? Vielleicht sogar wie Margot, die Ben entdeckte und jetzt entrüstet auf ihn zukam.

„Also wenn das meine wären, denen hätte ich aber was erzählt. Das kann ich dir sagen!", ereiferte sie sich.

Gute Manieren sind einfach wichtig!

Margot

„Richtig. So wichtig wie saubere Finger", stimmte Ben ihr scherzhaft zu.

Margot erkannte den Witz nicht und ergänzte ganz ernst: „Und damit kann man nicht früh genug anfangen."

„Jawohl", antwortete Ben nun übertrieben bestimmt. „Und am besten kontrolliert man jeden Tag die Fingernägel."

Margot schaute ihn verdutzt an. Jetzt erinnerte sie sich, wie sie selbst als Lehrerin immer die Fingernägel kontrolliert hatte, und begann zu lachen.

„Ja, ja, mach du dich nur lustig über mich. Aber so was kannst du doch bestimmt als Stoff für deine Bücher benutzen", fiel ihr ein.

„Arbeitest du denn gerade an einem neuen Buch?"

Und da erzählte Ben ihr von dem Auftrag seines Verlegers. Dass er in Familien gehen solle, um die Person zu finden, die für ihre Erziehungsleistung einen Oscar verdient habe.

„Aber ich weiß natürlich nicht, ob das Buch zustande kommt."

Ben Benningsen hatte einen skeptischen Gesichtsausdruck.

Er war noch immer voller Zweifel.

„Aber warum denn?", hakte Margot nach. „Ich finde, das ist ein sehr interessanter Ansatz. Du, das könnte ein Ansporn für viele werden. Ein Anreiz, wieder mehr Mut zum Erziehen zu haben."

„Aber dafür müsste ich die Familien erst einmal finden, die bei so etwas mitmachen", überlegte Ben.

„Na, es wird mir doch eine Freude sein, dir dabei zu helfen!"

Und ehe Ben so richtig registrierte, was sie vorhatte, sprang Margot auf, klatschte in die Hände und trommelte ihre Geburtstagsgäste zusammen.

„So, jetzt muss ich doch auch noch eine kleine Rede halten", begann sie und zwinkerte Ben zu.

„Erst habe ich mich einfach nur gefreut, den lieben Ben Benningsen heute als Gast begrüßen zu dürfen. Aber jetzt weiß ich, das war kein Zufall. Ihr wisst, ich habe mein ganzes Leben lang gern erzogen. Meine Kinder, meine Schüler, und selbst bei meinem lieben Mann habe ich es versucht."

Und mit feuchten Augen und einem sehnsüchtigen Blick nach oben fuhr sie fort:

„Lieber Ludwig! Vielleicht kannst du uns alle ja vom Himmel aus sehen! Wir hätten dich so gerne heute dabeigehabt! Aber das Leben muss weitergehen, und wir sollten dankbar für jeden Tag sein, den wir gemeinsam erlebten!"

Dann blickte sie langsam in die Runde: „Und ich bin dankbar und glücklich, dass ihr alle heute hier seid!

**Ich weiß, manchmal bin ich ein Drachen.
Aber eigentlich will ich doch
für euch alle immer nur das Beste!**

Margot

Und wenn ich einen Wunsch frei hätte, dann ist mir gerade klar
geworden, welcher Wunsch das wäre."
Sie holte Ben zu sich heran.
„Hier, mein lieber Ben sucht jemanden, der …"
Sie blickte sich um, Ben nickte ihr zu.
„Na ja, er sucht Familien, in denen er sein Wissen über das, was
der Alltag so an Erziehungsmaßnahmen verlangt, noch erweitern
kann. Wenn es gut läuft, gibt es am Ende sogar einen Preis",
Margot machte eine kleine Pause, um sicher zu sein, dass auch
alle zuhörten, „nämlich eine Oscar-Verleihung für den besten
Erzieher! Und, ihr Lieben, mein Wunsch ist es nun, dass ihr alle
Ben geschlossen für dieses spannende Unterfangen zur Ver-
fügung steht."
„Was heißt das genau?", fragte Iris dazwischen.
„Ben würde gern einmal zu jedem von euch in die Familie kom-
men und …"
„Ja, das wäre es denn auch schon", ergänzte Ben. „Ich würde ein-
fach gerne mal bei Ihnen Mäuschen spielen."
„Ja, das ist eine wunderbare Idee!", begeisterte sich Iris sofort.
Danny zeigte Ben den Siegerdaumen: „Die Idee is voll krass!"
Opa Willi schaute seine Lotte an. Die lächelte mild zustimmend.
Und nach und nach willigten alle anderen ein. Wobei die Väter
sich doch eher bedeckt hielten. Es waren mehr die Mütter, die
Ben nun mit Fragen bedrängten.
Da bahnte sich Timmi den Weg zu ihm durch.
„Hier, schau mal!", sagte er und streckte Ben stolz seinen Zeige-
finger entgegen. Darüber hatte er – ein Kondom gestülpt!

Warum schmeckt das nach Erdbeere?

Timmi

Die Mütter in der Runde schauten sich hilflos an. Amelie wollte
sofort eingreifen. Aber Ben winkte ab. Er ging in die Knie, um
mit Timmi auf gleicher Höhe zu sein.

„Woher weißt du, dass das nach Erdbeere schmeckt?", fragte er.

„Hab dran geleckt. Willst du auch mal?"

Er hielt Ben den Finger mit dem Kondom direkt unter die Nase.

„Schmeckt gut! Wie Bonbons! Probier doch mal!"

Ben setzte sich im Schneidersitz auf den Boden und hob Timmi
auf seine Knie.

„Du, Ben … warum müssen Kondome nach Erdbeeren schmecken?"

Und bevor er eine Antwort abwartete, meinte er kopfschüttelnd:
„Die sind doch da, weil … weil … damit da keine Kinder kommen? Komisch!"

Dann stupste er Ben mit seinem Kondomfinger an, so als wolle
er eine Antwort aus ihm herauskitzeln. Mit einem Mal schien er
selbst auf eine Idee gekommen zu sein. Timmi riss seine Augen
weit auf, strahlte Ben an und erklärte: „Ha! Ich weiß, warum die
nach Erdbeeren schmecken."

„Du weißt es?", wiederholte Ben erstaunt.

„Na klar!" Timmi tippte Ben an die Stirn, so als wolle er seine
Gedanken wachrütteln. „Die schmecken nach Erdbeere, weil die
Kinder, die dann nicht geboren werden, wegen dem Dings da",
er deutete mit dem Kopf auf seinen Finger, „weil die sind dann
nicht so traurig, wenn sie keine Kinder werden."

Timmi schaute Ben an, und der hatte das Gefühl, der Kleine
könne durch ihn hindurch mitten in sein Herz schauen. Ben
nickte bewegt und strich Timmi über den Rücken. Der schien
mit seiner Erklärung sehr zufrieden.

Da tauchte Margot auf. Angewidert zog sie Timmi das Kondom ab und fragte ihn in einem Ton, der jedem Verhör zur Ehre gereicht hätte: „Timmi, wo hast du das gefunden?"
Timmi zeigte auf Miriam. Bestürzt trat Iris zu ihrer Tochter. „Miriam! Ich denke, wir beide müssen reden!" Sie verschwand mit Miriam in ihrem Zimmer. Für einen Moment herrschte ratloses Schweigen.
Die Haustürklingel unterbrach die Stille. Und Günther ging zur Tür, um zu öffnen. Er staunte, weil er das junge Mädchen, das von einer Frau begleitet wurde, im ersten Moment gar nicht erkannte.
„Tina, bist du das?"
„Hi, Onkel Günther! Jaqueline hat mich gebracht."
„Jacqueline Hausmann", stellte die sich vor. „Ich bin die Nachbarin von Backes. Herzlichen Glückwunsch, Frau Lühnefeldt."
Üppig gewelltes Haar, das sie locker zusammengebunden hatte, und legere, farbenfroh zusammengestellte Kleidung unterstrichen ihre Ausstrahlung: Jacqueline war ein Energiebündel. Günther bat sie herein.
„Aber wirklich nur kurz", erklärte Jacqueline. „Meine drei warten zu Hause auf mich."

Eih, wie siehst du denn aus?

Danny

So begrüßte Danny seine Schwester. Tina hatte sich provozierend zurechtgemacht. Sie war grell geschminkt in allen Farben, die die Palette hergab. Ihre Haare waren wild hochgesteckt und mit Glitzerspangen aufgepeppt. Und zu einem bauchfreien Top trug sie einen Rock, der eher einem Hüftgürtel glich, so kurz war er.
Margot entging nicht, dass Ben die beiden beobachtete. Sie raunte ihm ins Ohr: „Ich kenn diese Jacqueline auch nur flüchtig. Ihr

Jüngster ist in unserem Kindergarten. Alleinerziehend, drei Kinder von zwei verschiedenen Vätern!"

Ben wollte gerade etwas entgegnen, da tauchte Danny auf. Er schien eine ganz wichtige Nachricht für Ben zu haben und winkte ihn aufgeregt zu sich her. Ben entschuldigte sich kurz bei Margot und ging zu Danny.

Freudig erklärte der: „Ich habe das gerade mit Opa Willi klargemacht. Du kannst mitfahren."

Ben verstand nicht gleich. „Mitfahren? Wohin?"

„Na, mit dem Boot. Hab ich doch von erzählt. Und da kannste dann ja auch in deinem Buch von schreiben."

„Na ja, in dem Buch geht es ja mehr um Familien", erklärte Ben.

„Hey, aber Opa und Oma gehören doch auch zu unserer Familie!", klärte ihn Danny auf.

Ben schaute ihn an, nickte kurz: „Da hast du recht."

Dann klatschten sie sich ab. Die Verabredung war getroffen.

Amelie ging auf Tina zu. Sie atmete tief ein und fauchte sie an: „Herzlichen Glückwunsch für den Auftritt. Na, hast du es mir mal wieder gezeigt?"

„Sorry, Mam. Aber du hast doch gesagt, ich soll mich ein bisschen nett anziehen."

„Aber so läuft man auch nicht rum. Da kannste dich ja gleich auf den Straßenstrich stellen."

„Eih, was soll das? Ich zieh mich so an, wie ich es schön finde, ja? Ich hab keine Lust, mir von dir immer alles kaputt machen zu lassen!"

„Das mache ich doch gar nicht!", schrie Amelie wütend und erschrak prompt über ihre eigene Lautstärke. „Ich will doch nur dein Bestes."

„Ach ja?", frage Tina ironisch. „Dann lass mich doch einfach endlich in Ruhe! Jacqueline, komm, hier stinkt's mir! Hauen wir wieder ab!"

Und Ben kam zu dem Schluss:

Familienleben kommt nicht ohne Reibung aus. Aber wo Reibung ist, ist auch Wärme.

Und Ben notierte:

* Man ist ja Vorbild als Erwachsener.

* Und Vorbild heißt: Vorleben. Vorleben – gutes Wort! Da fällt mir wieder Pestalozzi ein: Erziehung ist Vorbild!

* Kinder sind Weisheitslehrer. Nicht GEGEN die Kinder handeln, lautet die Devise, MIT ihnen leben, sie begleiten. Erst wenn die Kinder aus dem Haus sind, erkennst du, wie wichtig sie für dich waren!

* In ungewöhnlichen Situationen ist es manchmal besser, nichts zu sagen, anstatt sofort zu reagieren oder sich Gedanken darüber zu machen, wie man richtig handelt.

* Werden die Kinder immer schlimmer? Ich denke, sie werden kreativer.

* Hat nicht Jesus schon formuliert: „Wenn ihr nicht werdet wie die Kinder ..." Und damit hatte er bestimmt nicht gemeint „kindisch", sondern „anarchisch", jedenfalls, wenn man das pädagogisch und nicht theologisch deutet.

* Kinder sind Philosophen und erklären viele Dinge mit einer Mischung aus Fantasie und Realitätssinn, die uns Erwachsene fasziniert!

Großeltern sind prima

Wie sich Ben Benningsen vorstellt,
dass alle Großeltern weise und gelassen
mit ihren Enkeln umgehen.

Pünktlich zur abgemachten Zeit erschien Ben Benningsen an der Anlegestelle des kleinen Rheinhafens, an dem Willis Boot lag. Es war ein altes holländisches Motorboot aus Holz. *Charlotte,* stand in roten Buchstaben am Bug.

„Willkommen an Bord!", rief Willi Backes Ben zu. Willi war gerade mit einem kleinen Fässchen beschäftigt, das er auf der Bank im Heck des Bootes abgestellt hatte. Ein kräftiger Schlag noch mit dem Hammer auf den Keil, und das Bier spritzte heraus. Geschickt schlug Willi den Zapfhahn in das Loch, drehte ihn auf und füllte die Gläser. In freudiger Erwartung schaute er dabei über den Rhein. „Jau, wird Zeit, dass Charlotte mal wieder auf Touren kommt!"

Dann gab er Ben ein Glas und prostete ihm zu. „Schön, dass du da bist, Junge. Ich bin der Willi."

„Ja, und ich bin der Ben."

Oma Lotte kam aus der Kajüte hoch.

„Wollt ihr das wirklich auf leeren Magen trinken? Wie wär's denn vorher mit leckerem Kartoffelsalat und 'ner Frikadelle?"

Ben ließ sich gerne dazu überreden.

„Sagen Sie mal, Herr Benningsen", setzte Lotte an, als sie ihm den Teller reichte.

Willi unterbrach sie. „Lotte! Das ist der Ben! Einen Herrn Benningsen gibt's auf meinem Schiff nicht."

Lotte sah Ben Benningsen fragend an.

„Das ist schon in Ordnung so", antwortete der und biss in die Frikadelle. Anerkennend nickte er. „Da merkt man aber, dass die hausgemacht sind!"

„Ja, was anderes kommt ja gar nicht in Frage", erklärte Lotte stolz.

„Aber Sie wollten mich gerade etwas fragen", nahm Ben den Faden wieder auf.

„So, ja … ach so", Lotte kramte in ihren Gedanken. „Ich wollte nur mal wissen … dieses ganze Gedöns mit der Erziehung … geht einem das nicht manchmal auf die Nerven?"

Ben lachte. „Wie ist das denn bei Ihnen?", fragte er zurück. „Ich meine, Sie als Großeltern haben damit doch auch zu tun."

Lotte und Willi schauten sich vielsagend an und nickten.

Die denken heute alle zu viel nach.

Lotte

„Ja, so isses", gab Willi seiner Frau recht.

„Weißt du, Ben, ich bin auf dem Land aufgewachsen", fing Oma Lotte an zu erzählen. „Auf einem Bauernhof. Wir waren vier Geschwister. Da mussten alle mithelfen. Die Schule lief eher nebenher. Der Hof war wichtiger. Und die Erziehung bei uns zu Hause …?" Lotte dachte nach. „Die war hart, aber gerecht.

Nachdenken über Erziehung … so was gab's bei meinen Eltern nicht. Die hatten mit den Kühen genug zu tun."

„Glauben Sie denn, dass es die Kinder da heute besser haben?", wollte Ben wissen.

„Ne!", seufzte Willi aus tiefster Brust. „Ne! An Kindern will doch heute jeder rumerziehen. Gebote und Regeln! Alles muss geregelt werden! Und dann wird geredet und geredet, und jeder weiß alles besser. Du glaubst nicht, wie viele Klugscheißer es da gibt!"

„Willi, jetzt lass man gut sein!", versuchte Lotte ihren Mann zu besänftigen.

„Na, is doch wahr!" Willi nahm einen kräftigen Schluck aus seinem Bierglas und fuhr fort: „Und das soll der Junge ruhig wissen. Da verdient er doch sein Geld mit. Stimmt's?"

Ben musste schmunzeln: „Die Eltern sind heute verdammt verunsichert."

„Tja, und die Kinder erst! Wer denkt an die Kinder?"

„Na, alle", warf Ben ein und biss kräftig in die Frikadelle.

„Kinder brauchen Abenteuer, um ihre Kräfte messen zu können. Was haben wir früher alles angestellt, als wir durch die Wälder gestreift sind", erinnerte sich Willi.

„Na ja, du warst ja auch ein richtig Wilder!", bemerkte Lotte und gab ihm auch einen Teller.

„Lass man, Lottchen, ich hab jetzt gar keinen Appetit." Willi stellte den Teller wieder ab. In ihm arbeitete es.

„Kannste dich an die Geschichte im Steinbruch erinnern, als ich mit meinen Freunden einen alten Stollen entdeckt habe? Ja, wir konnten noch Abenteuer erleben. Aber wie sieht's denn heute aus? Heute steckt doch hinter jedem Busch 'ne Mutter."

„Willi, jetzt lass man gut sein. Unsere Amelie versucht wirklich eine gute Mutter zu sein. Aber ob die Kinder es heute besser oder schlechter haben?"

Lotte zog ihre Stirn in Falten und begann zu grübeln.

„Ich glaube, die Kinder verlieren sich heute so leicht. Die haben alles, die wissen nicht mehr, woran sie sind. Meine Enkel haben wirklich jeden Spielkram, den man sich vorstellen kann."

„Das fängt doch schon bei den ganz Kleinen an", warf Willi ein.

„Die kriegen dann nicht einfach Spielsachen, sondern pädagogisch wertvolles Zeug. Also, wenn die Enkel bei uns waren, dann war denen das immer ganz schnell egal."

Lotte nickte lächelnd. „Ja, der Willi hat sie dann immer auf den Schoß genommen und hat Geschichten erzählt. Bis sie ganz heiße Ohren hatten."

„Und was glauben Sie? Woran bestand der Unterschied zwischen der Erziehung von damals und heute?" Ben war neugierig. Willi und Lotte – die beiden waren ja eine pädagogische Fundgrube!

„Tja, also ...", Willi holte Luft und wollte gerade weit ausholen, da unterbrach ihn Lotte.

„Jetzt lass mich da man etwas zu sagen, Willi. Wir Mütter erziehen die Kinder ja doch meistens. Das war früher so und ist heute noch genauso."

„Da hat sie recht", musste Willi zugeben.

Ben schaute Oma Lotte gespannt an. „Und wie war das früher so bei Ihnen?"

„Also ich habe früher nicht lange überlegt. Da hatte ich gar keine Zeit zu. Es musste alles zack, zack gehen. Aber heute ... heute wollen die Mütter alle perfekt sein. Ich seh das ja an meiner Schwiegertochter Amelie. Und noch schlimmer ist es bei Iris, ihrer Schwägerin."

„Ja, da will eine besser sein als die andere", schmunzelte Willi vielsagend. „Also ich amüsier mich dann immer und denk mir: Wie einfach man sich das Leben doch schwer machen kann!"

„Och ne, Willi! Jetzt mach dich aber nicht über die beiden lustig. Die wollen es doch nur besonders gut machen. Alles ganz richtig, damit die Kinder nur keinen Schaden nehmen. Aber manchmal ist zu viel des Guten einfach schlecht."

Lotte zuckte unwillkürlich ein wenig zusammen und hielt sich die Hand vor den Mund, als ob ihr etwas entwischt wäre, was sie eigentlich nicht hatte sagen wollen.

„Ich weiß nicht, ob man das so sagen darf, das können Sie vielleicht besser beurteilen …"

Ben nickte gelassen, und ein schelmisches Lächeln huschte über sein Gesicht.

„Jetzt sagen Sie es doch einfach!", ermutigte er Lotte.

„Na ja, ich denke, wenn man zu viel redet und alles immer erklären will, dann werden die Kinder davon vielleicht auch rammdösig. Und ich sehe es doch an meiner Schwiegertochter … die redet und redet und redet, wenn der kleine Timmi 'nen Rappel kriegt. Und nach dem Reden wird sie immer lauter und lauter, und irgendwann schreit sie, und manchmal knallt's dann auch."

„Ja, so isses", warf Willi ein. „Und dann heult sie und der Kleine auch. Und das hätte sie doch auch viel einfacher haben können!"

„Ja, das stimmt!"

Lotte sah Ben an. „Mit dem vielen Reden macht man sich doch nur die Nerven kaputt. Ja gut, die Kinder sind heute wirklich zappeliger. Tja, und weißt du, woran das meiner Meinung nach liegt?"

Ben zuckte mit den Schultern. Lotte kam näher.

„Ich will's dir sagen, Ben. Weil die Frauen immer schlanker sein wollen. Keine Brust, kein Hintern, kein Bauch." Sie unterstrich ihre Worte mit den Händen.

„Ja, so isses", stimmte ihr Willi zu. „Bei vielen Frauen von heute is doch nichts mehr dran!"

„Immer nur Diäten! Ne!", erklärte Lotte und schüttelte kräftig ihren Kopf. „Davon wird man doch selbst ganz zappelig. Also früher, wenn unser Micha unruhig war, dann habe ich ihn genommen, habe ihn auf meinen Schoß gesetzt und habe seinen Kopf auf meine Brust gelegt. Dann wurde er ruhiger. Oder wir beide haben uns hingelegt und haben ein bisschen gekuschelt.

Du, das will ich dir nämlich sagen, Körperwärme beruhigt besser als irgendwelche Bachblüten."

Willi schaute sich suchend nach allen Seiten um: „Jetzt könnten sie aber wirklich kommen!"

Ben nickte beiläufig. In ihm arbeitete es.

Endlich kamen Danny und Timmi mit Amelie angelaufen. Die beiden Jungs strahlten, Amelie sah abgehetzt aus.

„Wo bleibt ihr denn?", rief ihnen Willi vom Boot aus zu.

„Mama und Papa haben so lange diskutiert!", erklärte Danny und kletterte als erster an Bord. Zur Begrüßung schlug er Ben mit der flachen Hand ab. „Cool! Du bist ja wirklich gekommen!"

„Habe ich doch versprochen", erwiderte Ben.

Oma Lotte fuhr Danny durch die Haare: „Und warum gab es Diskussionen?"

Amelie hörte ihre Frage, als sie Timmi auf das Boot brachte.

„Es ging um Timmi", erklärte sie.

„Mama war gemein. Die wollte nicht, dass ich mitkomme", beschwerte sich Timmi.

„Schatz, ich hab mir nur Sorgen gemacht. So ein Boot ist kein Spielplatz."

„Auf den Spielplatz lässt du mich ja auch nicht alleine. Und hier bin ich doch bei Opa und Oma."

„Meinst du, wir können nicht auf ihn aufpassen?", erkundigte sich Lotte. Sie klang ein wenig verletzt.

„Doch. Sicher. Aber …", Amelie wich aus.

„Opa ist ihr zu wild!", verriet Danny.

Willi hakte sich bei Amelie freundschaftlich ein. „Mädchen, das musste mir jetzt aber mal erklären."

„Na ja, ich dachte nur … nicht dass du wieder auf irgendwelche verrückten Ideen kommst. Timmi kriegt ja so schnell Angst."

„Stimmt gar nicht!", protestierte Timmi lautstark.

Amelie warf Opa und Oma einen eindringlichen Blick zu. „Ihr wisst schon, wie ich das meine."

„Papa war aber dafür, dass Timmi mitkommt", erzählte Danny.

„Ja, Michael ist da manchmal ein bisschen vorschnell mit seinen Entscheidungen. Aber gut, jetzt haben wir uns geeinigt."

„Da haben wir ja Glück, dass ihr das heute noch hingekriegt habt. Wer weiß, ob das Wetter morgen auch noch so schön ist?", scherzte Willi.

„Jetzt lass man gut sein", beendete Lotte Willis Gestichel.

„Wollen Sie denn nicht auch mitkommen?", fragte Ben Amelie. Amelie schüttelte den Kopf. „Ach, danke! Auf mich wartet zu Hause noch 'ne ganze Menge Arbeit. Sie wissen doch …", und sie lächelte etwas verkrampft, „eine Mutter hat ständig etwas zu tun."

Und mit einem Blick auf Lotte fiel ihr ein: „Ach so, ich habe hier ja noch Sojawürstchen für die Jungs mitgebracht.

Wir wollen uns mal ein bisschen bewusster ernähren.

Amelie

Danny flüsterte Ben zu: „Die bekommen gleich die Fische."

Timmi hüpfte fröhlich auf und ab: „Und Bio, Bio, Bio, Mio-Apfelsaft! Den hat Mama auch mitgenommen."

„Und noch ein wenig Obst." Lächelnd übergab Amelie Lotte eine gefüllte Tasche.

„Na, dann kann uns ja gar nichts mehr passieren", erwiderte Lotte und zwinkerte den beiden Jungs zu.

Leise übersetze Danny die Geste für Ben. „Das heißt: für uns hat sie Cola besorgt."

Amelies Blick fiel auf die Frikadellen, und sie bat Lotte: „Du, es wär mir recht, wenn die Jungs heute nichts davon bekommen. Wir wollen gerade weniger Fleisch essen."

„‚Wir' heißt eigentlich, *sie* will weniger Fleisch essen", raunte Willi Ben zu.

„Bitte sei so lieb und achte drauf, ja, Mutti?", ergänzte Amelie.
Lotte schnappte sich die Frikadellen.

„Ich lass sie gleich in der Kühltasche verschwinden und teile sie
nur an Opa und Ben aus." Und wieder zwinkerte sie den Jungen
heimlich mit einem Auge zu und verschwand in der Kajüte.

„Ja, dann …"

Gerade wollte Amelie sich verabschieden, da tauchte Margot am
Anlegesteg auf. Keiner der Anwesenden schien wirklich glücklich
darüber zu sein. Aber unverdrossen winkte sie herüber.

„Huhu! Ihr Lieben! Wie gut, dass ihr noch nicht weg seid!"

„Wie hat sie das denn nun schon wieder rausgekriegt? Die weiß
wirklich alles. Einmal Lehrerin, immer Lehrerin", grinste Willi.
Ben half Margot aufs Boot. Ihre Schritte waren ein wenig unsicher.

Das hielt sie aber nicht davon ab, gleich loszulegen.

„Ich komme gerade von Michael", berichtete sie. „Und ich wollte
die Schale vorbeibringen, die ihr gestern vergessen hattet. Aber,
Amelie, was höre ich da? Du willst Timmi mit Danny hier alleine
auf dem Boot lassen?"

Amelie setzte zu einer Antwort an. Aber Willi kam ihr zuvor.

„Was heißt denn hier alleine? Sind Lotte, ich und Herr Benningsen vielleicht nur Luft für dich?"

„Ach Willi, bitte! Jetzt lass die Scherze. Ich meine es ernst. Der
Junge hat doch so schnell Angst!"

„Habe ich nicht!", beschwerte sich Timmi.

Margot tätschelte ihm die Wange. „Klar, mein Junge, du bist ein
ganz Mutiger! Ich weiß."

Timmi schlug ihre Hand weg. Denn er spürte, dass Margot das,
was sie gerade gesagt hatte, überhaupt nicht so meinte. Er fühlte
sich nicht ernst genommen. Und das ärgerte ihn.

„Michael und ich haben das ausführlich besprochen", verteidigte
sich Amelie.

„Ja, ja", wischte Margot das Argument ihrer Tochter weg.

Ich habe auch noch einmal mit deinem Mann darüber gesprochen, und wir haben eine Lösung gefunden.

Margot

Aufmerksamkeit suchend schaute Margot in die Runde. Dann erklärte sie mit der gebührenden Wichtigkeit in der Stimme: „Ich habe mich bereit erklärt, mitzufahren."
„Dann werde ich hier ja wohl nicht mehr gebraucht!", fauchte Amelie und ging von Bord.
„Tschüs, Mama!", riefen ihr Danny und Timmi nach.
„Tschüs, ihr beiden! Passt auf euch auf! Ich hab euch lieb!", rief sie ihren Söhnen zu und winkte.
Willi war inzwischen auf den Steuerstand geklettert. Er startete den Motor und gab Amelie ein Zeichen, dass sie das Tau, mit dem das Boot am Steg befestigt war, lösen sollte. Amelie warf es aufs Boot, und ab ging die Fahrt.
Mit dem Augenmaß eines alten Fährmanns manövrierte Willi die *Charlotte* aus dem kleinen Hafen auf den Rhein hinaus, der sich mit heftiger Strömung nach Norden bewegte. Willi fuhr ganz nah am Ufer rheinaufwärts und beobachtete dabei die Binnenschiffe sehr aufmerksam.

Was habe ich Amelie denn nun schon wieder getan?

Margot

So erkundigte sich Margot leicht gekränkt bei Ben. „Jetzt sag du doch mal!" Sie zuckte mit den Schultern, schüttelte ihren Kopf: „Wie kann man nur so schnell beleidigt sein? Also von mir hat sie das nicht!"
Doch dann fasste sie sich ganz schnell wieder.
„Aber davon wollen wir uns den Tag nicht verderben lassen!"

„Ich staune ja über dich, Margot!", bemerkte Willi von seinem Steuerstand aus. „Bisher warst du nur zum Kaffeetrinken auf dem Boot, mitfahren wolltest du nie! Hoffentlich wirst du nicht seekrank!"

„Wenn du nicht zu viel Gas gibst, klappt das schon."

Und dann zog sie Ben neben sich auf die Bank.

„Außerdem kann ich mich so auch noch mal in Ruhe mit meinem lieben Ben unterhalten. Schließlich liegt uns beiden doch das gleiche Thema am Herzen."

„Oh ne!", seufzte Danny. „Jetzt reden die schon wieder über Erziehung."

Genervt ging er zu seinem Opa. Timmi heftete sich an seine Fersen.

„Aber schön aufpassen, Timmi!", rief Margot ihm nach.

„Bin doch kein Baby mehr", gab der zurück.

„Margot, wie wär's mit Kartoffelsalat und Sojawürstchen?"

„Sojawürstchen?", fragte Margot erstaunt nach. „Dass es bei euch so etwas gibt! So viel Ernährungsbewusstsein hätte ich euch gar nicht zugetraut. Aber Kartoffelsalat nehme ich gerne."

Ein großes Schiff, beladen mit vielen Containern, kam ihnen entgegen. Die Fahrwellen ließen das kleine Boot auf und ab hüpfen.

„Festhalten!", rief Willi.

„Huch!", schrie Margot und krampfte eine Hand um die Reling. Mit der anderen krallte sie sich in Bens Arm.

„Willi! Bitte! Fahr vernünftig. Sonst kentert das Boot noch, und was dann passiert ... oh Gott, oh Gott!"

„Trink ein Glas Bier, Margot!", rief Willi ihr lachend zu. „Das entspannt."

Margot schüttelte verständnislos den Kopf und machte ihrem Unmut leise Luft.

„Das ist typisch für ihn", sagte sie zu Ben. „Willi nimmt einfach nichts ernst."

Lotte reichte ihr einen Teller mit Kartoffelsalat.

„Wie hast du das nur so lange mit ihm ausgehalten, Lotte?",
erkundigte sich Margot etwas mitleidig.

„Jetzt lass ihn doch", verteidigte Lotte ihren Mann gelassen.

„Mein Willi ist schon ganz in Ordnung." Und mit Blick auf den
Kartoffelsalat fügte sie hinzu: „Ja, dann guten Appetit."

Margot schob sanft den Teller weg.

„Danke. Aber jetzt ist mir übel."

Danny und Timmi genossen es, mit ihrem Opa zusammen vom
Steuerstand aus den Rhein überblicken zu können. Willi ließ
Danny sogar für einen Augenblick an das Steuerrad.

„Willi, was tust du da?"

Mit entrüstetem Blick wandte Margot sich an Ben: „Also Ben, du
bist doch der Fachmann, jetzt sag du mal was dazu. Das ist doch
in hohem Maße unvernünftig!"

„Also, ich finde, Danny macht das gut!", erklärte Ben besänftigend.

„Gehörst du etwa auch zu denen, die dafür sind, dass die Großeltern ihren Enkeln alles durchgehen lassen?"

Ben lachte.

**Großeltern sind weiser, deswegen
können sie unbeschwerter reagieren,
können verwöhnen, weniger einschränken.**

Ben Benningsen

Margot schaute ihn skeptisch an.

„Aber Frau Lühnefeldt", versuchte Ben sie zu überzeugen. „Sie und
auch Willi und Lotte, Sie verfügen doch als Großeltern über einen
Erfahrungsschatz, auf den Sie beruhigt zurückgreifen können."

„Das ist wohl wahr."

Margot setzte sich stolz auf, sie fühlte sich bestätigt. „Aber gerade
deswegen ist es doch auch unsere Pflicht, den Kindern unter die
Arme zu greifen."

„Meinen Sie jetzt Ihre Enkel?"
„Nein, ich rede von meinen Kindern.

Wenn ich da ab und zu mal gute Ratschläge gebe, dann will ich mich wirklich nicht einmischen! Ich will doch nur helfen!

Margot

Weißt du, Ben …" Margot legte ihre Hand auf die Brust, um zu unterstreichen, dass das, was sie sagte, wirklich von Herzen kam. „Für jemanden wie mich, für den Erziehung eine Lebensaufgabe ist, ist es eine Qual, mitansehen zu müssen, wenn die Dinge in eine falsche Richtung laufen. Und ich finde, für so kleine Kurskorrekturen könnten sie mir wirklich auch dankbar sein."
„Und das sind sie nicht?", erkundigte sich Ben.
„Ach!" Margot drehte sich mit wehmütigem Blick weg. „Ich will hier vor dir ja nicht anfangen rumzujammern."
Da fiel ihr Blick auf Timmi, der neben seinem Opa herumhüpfte.
„Timmi, was machst du da? Nicht rumhüpfen!", ermahnte Margot ihn. „Das ist gefährlich!"
Sofort hielt Timmi inne, schaute seinen Opa fragend an. Willi berührte sanft die Schulter des Jungen und warf ihm einen Blick zu, der besagte: „Okay, Margot zuliebe lassen wir das." Timmi stellte sich brav an die Seite seines Bruders, und Margot war beruhigt.
„Weißt du, Ben …", fuhr sie mit ihren Erläuterungen fort. „Es gibt da auch ganz andere Großeltern und Großmütter. Meine Freundin, Frau Viehkötter, du, die hat mir damals ganz klar gesagt: Auf Abruf als Babysitterin immer bereitzustehen, das käme für sie nicht in Frage. Die reist mit ihrem Mann in der Weltgeschichte rum. Die beiden wollen ihre Freiheit genießen, jetzt, wo er nicht mehr arbeitet."

„Aber das ist doch auch in Ordnung", fand Ben.

Margot rückte automatisch ein Stück von ihm weg.

„Das findest du wirklich? Also ich finde das egoistisch. Ich meine, ich könnte das ja auch machen. Aber wenn ich dann sehe, was da alles schiefläuft, dann kann ich mich doch nicht einfach aufs Kreuzfahrtschiff setzen und sagen: nach mir die Sintflut, oder?"

Weil Ben schwieg, fragte Margot noch einmal nach: „Oder was meinst du als Experte?"

Aber Ben war abgelenkt, denn Danny winkte ihm zu: „Willste auch mal steuern?", rief er.

Ben spürte, dass das eine wunderbare Gelegenheit war, Margot für einige Augenblicke zu entkommen. Er stand auf.

„Lassen Sie uns da gleich noch mal drüber reden. Ich schau mal, dass Timmi keinen Blödsinn macht", schlug er ihr vor und ging hoch zu den anderen.

Hilflos schaute Margot sich um.

„Wollt ihr mich jetzt hier alle allein lassen? Wenn das Schiff nun plötzlich sinkt?"

Da kam Lotte aus der Kajüte.

„Schau, Margot, da vorne", sie deutete auf die andere Seite, „da hängt ein Rettungsring!"

Willi begrüßte Ben schmunzelnd. „Ja, Margot is schon 'ne Marke. Jetzt lüfte erst mal deine Ohren aus, Junge!"

Danny übergab das Steuerrad an Ben. „Immer den Fluss entlang, und wenn ein Schiff entgegenkommt, dann ganz nah ans Ufer. Da ist es tief genug."

„Ay, ay, Kapitän!", erklärte Ben und fasste das Steuerrad mit beiden Händen. Er war mächtig stolz darauf, dass Willi ihm das zutraute.

„Der Kapitän ist immer noch Opa. Aber ich bin sein erster Steuermann!", erklärte Danny. Er tippte Ben an: „Und du der zweite."

„Und was bin ich?", wollte Timmi wissen.

Willi setzte ihm seine Kapitänsmütze auf. „Du bist mein Stellvertreter!"

Timmi strahlte.

Doch plötzlich war ein merkwürdiges Geräusch zu hören. Dumpf schlagend hörte es sich an, so, als ob man mit einem Eisen auf Holz hämmern würde. Das Boot begann etwas zu schlingern. Willi horchte auf.

Ben bekam einen Schreck.

„Bin ich daran schuld?" Er schaute sich um: „Mache ich etwas falsch?"

Willi klopfte ihm beruhigend auf die Schulter.

„Ne, da unten stimmt irgendwas nicht. Keine Panik! Das haben wir gleich!" Und Danny gab er mit Blick auf Ben noch die Anweisung: „Du hilfst der Landratte so lange beim Steuern, klar?"

„Ay, ay, Kapitän!", erwiderte Danny.

Dann wollte Willi in die Kajüte hinunterklettern. Aber dazu musste er an Margot vorbei. Sie hielt ihn fest.

„Oh Gott! Was bedeutet das?", sorgte sie sich. „Erleben wir hier jetzt eine zweite Titanic?"

„Keine Bange, Willi macht das schon", beruhigte sie Lotte, setzte sich an ihre Seite, schaute ihren Mann fragend an.

„Irgendwas läuft da nicht rund. Alles kein Problem", meinte Willi und stieg in die Kajüte hinab. Lotte tätschelte Margot beruhigend die Schulter. Margot blickte hoch. „Ben, halte das Steuer nur ja gut fest!", flehte sie. „Unser Leben ist jetzt in deiner Hand!"

Danny grinste Ben an. „Oma Margot übertreibt gerne. Aber eigentlich ist sie ganz okay. Stimmt doch, Timmi."

Und Timmi nickte. Die Kapitänsmütze rutschte ihm über die Augen. Er schob sie wieder zurück. Die beiden Jungen blieben völlig ruhig. Das ließ auch Ben aufatmen. Er wollte auf andere Gedanken kommen und erkundigte sich bei Danny und Timmi: „Was findet ihr denn so okay an Oma Margot?"

Danny und Timmi schauten sich an.

„Du zuerst", meinte Timmi, und Danny fing an: „Oma Margot ist echt in Ordnung. Wir bekommen immer was geschenkt, auch Geld. Fernsehen dürfen wir bei ihr zwar nicht, aber sie hat immer Ideen für neue Spiele. Und sie liest uns viel vor, weil sie so gegen das Fernsehen ist. Bei Oma Lotte und Opa Willi läuft das alles etwas einfacher. Da dürfen wir alles schauen. Durfte Papa früher auch."

„Mhmmhm", mischte sich Timmi ein. „Oma Lotte und Opa Willi sind ja seine Eltern."

„Und wie ist das bei euren Eltern?", wollte Ben wissen.

„Dass Papa früher alles sehen durfte, das hat er auf jeden Fall vergessen", erzählte Danny. „Oder er traut es sich nicht zu sagen wegen Mama. Deswegen dürfen wir Mama und Papa nicht erzählen, was wir bei Oma Lotte und Opa Willi sehen. Also nicht alles. Da haben wir so einen Geheimpakt mit Opa Willi und Oma Lotte. Das funktioniert ganz gut. Nur Timmi baut manchmal Mist."

„Tu ich nicht!", wehrte sich Timmi.

„Tust du doch!", widersprach ihm sein Bruder. „Aber da kannste eigentlich nichts für."

„Wie meinst du das?", fragte Ben.

„Na ja, manchmal bekommt Timmi dann nachts Angst, wenn er irgend so einen Krimi gesehen hat. Und dann verrät er sich."

„Aber das weiß ich doch morgens gar nicht mehr", verteidigte sich Timmi.

„Aber Mama und Papa wissen es dann."

„Und was passiert dann?"

„Dann schimpft Mama mit Opa und Oma. Und Oma versucht dann, konsequent zu sein. Aber Opa meint meist, wir müssen nur ein paar Tage abwarten, dann gibt sich das. Und da hat er fast immer recht."

Timmi nickte bestätigend. „Dann ist Oma Lotte wie immer, und wir sehen fern."

„Kinder, geht es euch noch gut?", rief Margot nun zu ihnen herüber.

„Ja, Omi! Dir auch?", fragte Timmi mit lauter Stimme zurück.

Da ruckelte es mit einem Mal heftiger. Ben und Danny hielten sich am Steuerrad fest, dadurch machte das Boot noch einen Extraschlenker.

Margot und Oma Lotte rutschten auf die Seite.

„Oh Gott, Lotte, wir sinken!", schrie Margot.

Lotte blieb gelassen. „Von so einer Kurve geht das Boot nicht unter."

Da rief Willi aus der Kajüte hoch: „Ben, kannste mal kommen. Ich brauch deine Hilfe!"

Margot starrte Lotte entsetzt an. Die winkte nur ab. „Willi macht das schon."

Und Ben überließ Danny das Steuerrad. „Du kennst ja den Kurs."

„Ay, ay, Sir! Rettet das Schiff!", entgegnete er scherzhaft.

Ben stieg zu Willi in die Kajüte hinunter. Er lächelte Lotte und Margot im Vorbeigehen aufmunternd zu.

„Ich will auch mit retten!", erklärte Timmi nun und wollte Ben folgen. Aber Lotte fing ihn ab.

„Du bleibst jetzt mal schön bei Oma Lotte." Und sie flüsterte ihm ins Ohr. „Wir müssen Oma Margot doch beistehen. Die hat so viel Angst."

Timmi nickte, setzte sich auf Oma Lottes Schoß und tröstete Margot: „Keine Angst, Oma! Wir sind ja bei dir!"

Margot nickte nur. Der Schreck steckte ihr in allen Gliedern, und ihr Gesicht nahm mehr und mehr die braungrüne Farbe des Rheinwassers an.

Als Ben zu Willi in die Achterkajüte kroch, war auch ihm ein wenig mulmig zumute.

„Hier hinten bin ich!", meldete sich Willi. Er war durch ein Luk zum Heck des Schiffes gekrochen. „Das Stevenrohr ist unwucht. Da kommt etwas Wasser rein."

Ben schaute Willi nur mit großen Augen an. Er verstand kein Wort.

„Na, das Stevenrohr ... das ist das Rohr, wo die Schiffsschraube dran ist", erläuterte Willi.

Ben deutete mit einer Geste an, dass er es verstanden hatte.

„Hat's dir jetzt die Sprache verschlagen?", erkundigte sich Willi amüsiert.

Ben lächelte gequält und zuckte mit den Schultern.

Das Ruckeln des Bootes wurde heftiger. Er fürchtete, das Leben aller könne vielleicht doch auf dem Spiel stehen.

„Können wir uns jetzt bitte erst um das Dingsda-bumsda-Rohr kümmern?", schlug Ben vor.

„Aber klar doch", meinte Willi und drückte Ben eine Taschenlampe in die Hand. „Damit musst du mir jetzt mal leuchten."

„Wie weit seid ihr? Wie lange dauert es noch?", erkundigte sich Margot hektisch von oben.

„Wir sind gut dabei!", rief Willi zurück. Und zu Ben gewandt ergänzte er: „War die als Lehrerin auch schon so nervend?"

„Da hatte sie sich eher immer unter Kontrolle. Aber wir sind auch nie zusammen Boot gefahren."

„Timmi, bleibst du hier! Timmi, komm sofort zurück!", schallte Margots aufgebrachte Stimme von oben wieder. „Wenn das Schiff sinkt! Dann steckst du da unten fest!"

„Das Boot sinkt schon nicht", hörte man Lotte beschwichtigend auf Margot einreden.

Timmi tauchte nun unten in der Kajüte auf. „Opa, sinkt das Boot?", erkundigte er sich unsicher.

Opa Willi strich seinem Enkel beruhigend über die Haare. „So ein Blödsinn! Wir kriegen das schon wieder hin." Und er deutete auf die Stelle, die Ben mit der Taschenlampe ausleuchtete.

„Siehst du das Rohr, das da durch das Heck führt?"

Timmi nickte.

„Da sitzt der Propeller dran. Und das Rohr ist unwucht, das dreht sich nicht richtig. Deswegen kommt da Wasser rein."

„Kannste das Loch denn zumachen?", erkundigte sich Timmi.

„Na klar! Was denkst du denn!", beruhigte ihn sein Opa. „Ich spritze da jetzt Fett rein, und dann hat sich die Sache erledigt."

Und genauso war es.

Mit einer Stopfbuchse dichtete Willi die Stelle ab. Das Rohr konnte sich wieder gleichmäßig drehen.

Das irritierende Geräusch war verschwunden, und das Boot lief wieder ruhig.

„Und? Ist alles wieder in Ordnung?", erkundigte sich Lotte, als Willi, Ben und Timmi wieder aus der Versenkung auftauchten.

„Sieht so aus", stellte Ben erleichtert fest.

Willi haute ihm kumpelhaft auf die Schulter. „Das sieht nicht nur so aus. Das ist auch so, mein Junge! Jetzt können wir ohne Probleme bis zur Nordsee weiterfahren!"

„Oh bitte, nein!", erschrak Margot. „Willi, dreh um. Ich will sofort von Bord!", erklärte sie entschlossen.

Willi überlegte kurz, dann rief er Danny zu: „Gut gemacht, Danny! Du hast den Kahn prima auf Kurs gehalten. Aber jetzt lass mich mal wieder ran. Wir wollen doch nicht, dass unsere liebe Margot noch richtig seekrank wird."

Danny übergab seinem Opa das Steuer. Willi wendete das Schiff und fuhr schnurstracks zum Hafen zurück.

Margot atmete auf.

„Wie gut, dass dein Mann doch manchmal vernünftig sein kann", sagte sie zu Lotte. „Und glaub mir, es ist für uns alle das Beste, wenn wir diesen Ausflug so schnell wie möglich beenden. Man sollte das Schicksal nicht herausfordern!"

Danny und Timmi schauten ein wenig bedröppelt drein. Willi zwinkerte ihnen zu.

„Da scheint ja wieder so ein Geheimvertrag im Spiel zu sein", dachte sich Ben. Und er sollte recht behalten.

Als sie kurz darauf wieder am Steg festgemacht hatten, ging Margot als Erste von Bord. Erleichtert drehte sie sich um und wollte eben Danny und Timmi vom Boot helfen. Da warf Willi den Motor wieder an und startete zu einer neuen Runde.

Fassungslos starrte Margot dem Boot hinterher. Dann fuchtelte sie wild mit den Armen in der Luft herum und brüllte laut: „Das kannst du doch nicht machen!"

Lotte schaute ihren Mann vorwurfsvoll an und meinte: „Du, das war aber eben nicht in Ordnung!"

Willi grinste nur und erwiderte: „Bis zum nächsten Familienfest hat sich Margot schon wieder eingekriegt."

„Und was machen wir jetzt?", erkundigte sich Danny.

„Jetzt holt Oma erst mal die Frikadellen und die Cola!"

„Jjjjia!!!", jubelten Danny und Timmi.

„Aber wegen der Cola kein Wort zu Mama und Papa!", erinnerte Oma Lotte.

„Cola? Welche Cola?", scherzte Danny. „Wir trinken nur Bio-apfelsaft."

„Biomio-Saft!", freute sich Timmi.

„Nur ist der Saft eben ein bisschen dunkel", erklärte Danny.

„Und ein bisschen Kohlensäure ist auch drin und leider auch ganz viel, das ganz schädlich ist. Aber das verraten wir natürlich nicht!"

„Ne!", erklärte auch Timmi voller Inbrunst. „Wir haben doch einen Geheimvertrag!"

Oma Lotte hielt ihnen lächelnd die Hand hin. Danny und Timmi schlugen ein. Und dann verschwand Lotte in der Kajüte. Ben zapfte erst mal in Ruhe für sich und Willi ein Bier. Und dann wurde es doch noch eine schöne Bootsfahrt.

Und Ben kam zu dem Schluss:

Kinder mögen Großeltern, weil sie anders sind als ihre Eltern. Aber Großeltern können ganz verschieden sein.

Und Ben notierte:

* Großeltern haben für viele Probleme eine Antwort! Selbst wenn man im Wellental hockt, mit Oma und Opa kommt man da irgendwann heraus.

* Doch sind Großeltern immer so gelassen? Die Margot ist ja in Ordnung. Aber einmal Lehrerin, immer Lehrerin! Warum lässt Margot nicht los? Warum erzieht die immer noch mit? Kinder nützen das doch aus, knallhart! Das merke ja sogar ich!

* Hat nicht meine Großmutter mal zu mir gesagt, man sollte Kinder mehr aus dem Bauch heraus erziehen, mehr auf den Bauch hören?

* Ich muss unbedingt die Lebensweisheiten der älteren Menschen einbeziehen und ihre Erfahrungen.

* Da fällt mir ein Großvater ein, der jüngst zu mir gesagt hatte, wir Älteren, wir l e b e n den Kindern etwas vor. Aber die Eltern von heute, die l a b e r n ihren Kindern ständig etwas vor.

* Das fand ich ziemlich oberflächlich. Aber wenn ich jetzt an den Willi denke. Der ist ein Weisheitslehrer. Der erdet meine Theorie. Man kann von den Älteren lernen! Doch was?

* Ich muss ihnen noch mehr zuhören!

Eltern sind nicht nur Eltern

Wie sich Ben Benningsen vorstellt, dass die Elternschaft Menschen ganz und gar befriedigt.

„Eigentlich ist das ja schon mein zweiter Besuch hier", dachte Ben Benningsen, als er am nächsten Tag wieder vor der Backsteinvilla der Familie Lühnefeldt stand. Iris Könner-Lühnefeldt hatte ihn extra noch einmal angerufen, ob es auch bei diesem Termin bliebe. Es war nicht zu überhören gewesen, dass ihr sehr viel daran lag. Und sie selbst lieferte Ben auch die Erklärung mit. „Wissen Sie, Herr Benningsen", bestürmte sie ihn am Telefon. „Ich weiß nicht, wie Sie das sehen. Aber ich finde, eigentlich hätte meine Schwägerin mir Ihr Kommen auf dem Fest auf jeden Fall ankündigen müssen. Zumal Amelie genau weiß, wie sehr auch ich Ihre Arbeit schätze."
Um ihre vorsichtigen, leise vorgetragenen Anklagen abzukürzen, versprach ihr Ben, dass er als Entschädigung dann auf jeden Fall zuerst bei ihr vorbeikommen werde. Das besänftigte Iris ein wenig.

Und nun stand Ben wieder vor ihrer Tür. Welche Erwartungen hatte er? Er stellte sich vor, dass er mit Iris ein tiefschürfendes Gespräch über die Rolle der Eltern in der Erziehung führen würde, und war sich sicher, dass sie mit Leib und Seele in ihrer Rolle als Mutter aufging. Und danach freute sich Ben schon auf einen gemütlichen Abend in seinen eigenen vier Wänden. Da wollte er in Ruhe noch einmal verschiedene Erziehungskonzepte durchgehen. Oder vielleicht würde er es auch nur bei einem Glas Rotwein genießen, einmal nichts um die Ohren zu haben. Er lächelte bei diesem verlockenden Gedanken.

Da wurde die Haustür geöffnet. Und Iris Könner-Lühnefeldt zog Ben ins Haus.

„Herr Benningsen, wie schön. Dann habe ich mich doch nicht getäuscht. Ich dachte, ich hätte Schritte gehört …"

„Ja, ja … da bin ich."

Mehr fiel Ben in diesem Moment nicht ein. Er war noch nicht so richtig auf so eine energiegeladene Wortschwalldusche eingestellt. Iris führte ihn ins Wohnzimmer.

„Wie schön, da haben wir jetzt gut Zeit füreinander. Die Kinder sind noch in der Schule. Antonia ist im Kindergarten und wird dort von einer Freundin mit abgeholt, die sie mit zu sich nach Hause nimmt. Die Kleine ist wirklich ein Wirbelwind. Da hätten wir keine Ruhe. Na ja, Sie wissen ja, wie das so mit Kindern in dem Alter ist."

Ben nickte verständnisvoll und nahm in einem edlen Designersessel Platz. Der Sessel hatte eine ausgefallene Form, wirkte fast wie ein Kunstobjekt. Der Nachteil: Man saß nicht wirklich bequem darin. Aber Ben hatte ja sowieso nicht vor, hier groß Wurzeln zu schlagen. Dass es dann noch ganz anders kommen sollte, konnte er ja nicht wissen.

Noch befanden sich Iris Könner-Lühnefeldt und er in der Cappuccino-Phase, will heißen, Iris bot Ben einen Cappuccino an und er nahm dankend an.

Der Cappuccino schmeckte, und Ben spürte den Milchschaum an der Oberlippe. Iris tupfte sich ihren Milchbart gleich ab, und mit einem Lächeln erklärte sie etwas entschuldigend: „Ich meine, Herr Benningsen, ich hoffe, Sie denken nicht, ich sei so überzeugt von mir, dass ich meine Erziehung für perfekt hielte."

„Nein, nein", beruhigte Ben. „Jeder hat da doch so seine eigene Methode. Und ich bin einfach neugierig darauf, Ihre kennenzulernen."

„Gut. Nicht, dass Sie meinen ... ich denke, ich ... oder besser wir ... also mein Mann und ich, hätten diesen Erziehungs-Oscar etwa verdient."

„Also für diesen Cappuccino hätten Sie jedenfalls einen Oscar verdient", versuchte Ben die Situation aufzulockern.

Für einen kurzen Moment klappte das auch. Iris lachte, nahm einen Schluck, wischte sich ihr Milchbärtchen wieder dezent ab und fuhr dann fort:

„Meine Schwiegermutter, also Margot, die hat ja immer etwas an unserer Erziehung auszusetzen. Na ja, Sie kennen sie ja. Mein Mann nimmt das ganz gelassen. Bei ihm geht das zum einen Ohr rein und beim anderen wieder raus. Obwohl er ihr Sohn ist. Bewundernswert! Ich nehme mir das dann doch immer zu Herzen."

„Dass sollten Sie auf keinen Fall tun", riet Ben.

Davon kriegt man nur Schuldkomplexe.

Ben Benningsen

Iris nickte. Der Mann verstand sie.

„Ich meine, ich will mich wirklich nicht mit meiner Schwägerin Amelie vergleichen." Sie stockte, atmete tief aus. „Aber wenn ich mitbekomme, was es da manchmal so an Problemen gibt. Nun ja, wahrscheinlich ist es auch nicht einfach, von so einem Radsportgeschäft zu leben, wie ihr Mann Michael es betreibt. Ich bewundere ja, wie die das packen. Und es geht auch nur, weil Amelie immer wieder mitarbeitet. Das sind natürlich ganz andere Belastungen für eine Familie. Und Claudia, Amelies Schwester, also die, die ihre Schwangerschaft jetzt so inszeniert …"

Ben nickte. Er erinnerte sich an das Kissengeschenk für Margot mit dem aufgedruckten Ultraschallbild.

„Claudia wird sich auch noch wundern. So einfach ist das nämlich nicht, Job und Familie unter einen Hut zu bringen. Na ja, sie hält sich ja für ein Organisationsgenie. Ich wünsche ihr viel Glück."

In der Art und Weise, wie Iris das sagte, schwangen viel Skepsis, aber auch jede Menge Unverständnis mit. Doch dann lächelte sie Ben wieder an und meinte: „Und, Herr Benningsen, Sie können mir wirklich glauben, dass ich dankbar dafür bin, dass wir hier so, ich möchte fast sagen, privilegiert leben können."

„Dann konnten Sie immer voll für Ihre Kinder da sein?", hakte Ben nach.

„Ja, und ich persönlich habe es nicht einen Tag bereut!", beteuerte Iris eifrig. „Also ich genieße meine Mutterrolle ganz und gar. Und ich bin überzeugt, dass wir deswegen auch so wenig Probleme mit unseren Kindern haben. Es hat sich ja dann wohl doch bezahlt gemacht, dass immer einer für sie da war! Und ich empfinde meine Kinder wirklich als Geschenk. Ich kann mir nichts Schöneres vorstellen, als sie heranwachsen zu sehen."

Sie stand auf, holte ein Fotoalbum aus dem Regal und reichte es Ben.

„Hier! Da bekommen Sie mal einen kleinen Eindruck von unserer Familienbande."

Ben begann darin zu blättern. Da strahlte ihm überall pures Familienglück entgegen. Angefangen von den Hochzeitsbildern mit Iris und Günther über die Baby- und Urlaubsbilder bis zur Familie unterm Weihnachtsbaum und dem ersten Schultag der Kinder.

„Ich bin ja so froh, dass mein Mann auch so ein Familienmensch ist", kommentierte Iris diese Dokumente vollkommener Harmonie. Ben fühlte sich schon ganz eingelullt, nickte nur noch selig lächelnd, fast betäubt von so viel Glück. Bis Iris fragte: „Haben Sie vielleicht auch ein Bild von Ihrer Familie dabei?"

Ben setzte sich abrupt in dem unbequemen Sessel auf. „Äh, leider heute ausnahmsweise nicht", schwindelte er.

„Aber das nächste Mal müssen Sie unbedingt welche mitbringen!" Ben spürte, dass er schleunigst das Thema wechseln musste.

„Dann funktioniert der Familienalltag bei Ihnen also perfekt?", erkundigte er sich.

„Na ja, wer ist schon perfekt?", kokettierte Iris. „Ich gebe mir Mühe. Mein Mann gibt sich auch Mühe. Und zusammen bekommen wir das schon ganz gut hin. Natürlich macht man sich ab und zu so seine Gedanken. Also wir versuchen jedenfalls unsere Kinder zu fördern, wo es nur geht."

„Und wie machen Sie das genau?", wollte Ben wissen.

„Na ja, wir haben schon früh mit Konzentrationsspielen angefangen. Und da gibt es ja heute so viele Angebote, mit denen die Kinder spielerisch lernen können. Und was für meinen Mann und mich immer ganz wichtig war, ist die Hausmusik!"

Ben schaute auf das Klavier, das an einer Seite des Raumes stand. „Das ist ein Erbstück von meiner Tante", erläuterte Iris.

„Und wir haben eben schon früh darauf bestanden, dass jedes Kind ein Instrument lernt. Miriam spielt Klavier, Moritz Geige, und Antonia hat jetzt mit Blockflöte angefangen. Also für uns gehört das mit zu einer guten Ausbildung. Und damit kann man doch nicht früh genug anfangen.

Es ist wichtig, den Kindern Anregungen zu geben, dass sie ihre Zeit nicht sinnlos verbummeln.

Iris

Es gibt doch heute so viel wunderbare Angebote für die Freizeit. Ob das jetzt Reiten ist, Ballett, Taekwondo, Tennis oder kreatives Töpfern."

Ben schwirrte der Kopf bei der Vorstellung, dass ein einziger Mensch das alles machen müsste.

„Bleibt den Kindern denn da noch Zeit für sich selbst?", erkundigte er sich.

„Für sich selbst?", wiederholte Iris irritiert, erhob sich und räumte die Cappuccinotassen weg. „Wie meinen Sie das, für sich selbst?"

„Wollen Kinder nicht auch ihre eigenen Wege finden? Wie wir alle?"

„Ja, aber Herr Benningsen, wenn man sie einfach nur so machen ließe. Wissen Sie, was dabei herauskäme?"

Ben wusste es nicht und schaute Iris fragend an.

„Das kann ich Ihnen sagen", ereiferte sie sich. „Moritz würde nur vorm Computer sitzen und Miriam die ganze Zeit mit irgendwelchen Chaoten zusammenhängen, die sich dann noch ‚Umweltaktivisten' nennen."

„Und wegen der Freizeitangebote machen sie es nicht?"

„Schon. Aber weniger. Und das ist doch schon mal ein Fortschritt."

Dann erkundigte Iris sich, ob Ben vielleicht langsam Hunger verspüre. Sie habe ein leichtes, gesundes Mittagessen vorbereitet. Seewolf, in Folie gedünstet, mit Gartengemüse. Die Kinder müssten auch gleich aus der Schule kommen, und dann könnten sie ja gemeinsam essen. Außerdem habe sie da noch ein ‚Attentat' auf ihn vor, fügte Iris hinzu. Ben wollte nicht unhöflich sein und ließ sich zum Mittagessen überreden. Und dann bat Iris Ben Benningsen, ob er, wenn die Kinder da wären, nicht mal mit ihnen sozusagen unter vier Augen reden könne.

„Warum?", wollte er wissen.

„Na ja, wegen der Sache mit Moritz und dem Computer", erklärte Iris. „Und mit Miriam überhaupt. An die komme ich gar nicht

mehr richtig ran." Sie seufzte. „Nach Margots Geburtstag habe
ich versucht, mit ihr über das Kondom zu reden."

Ben hatte es schon ganz vergessen. „Über welches Kondom?"

„Na, Timmi hat doch mit einem Kondom gespielt und gefragt,
warum das nach Erdbeere schmeckt."

Ben nickte. Jetzt erinnerte er sich.

„Und dieses Kondom gehörte Miriam", stellte Iris bedeutungsvoll fest.

„Und?", erkundigte sich Ben interessiert.

„Ja, gar nichts weiter. Das ist es ja!" Miriams Mutter begann den
Tisch zu decken.

„Miriam hat mir erzählt, das hätten sie beim Sexualkunde-
unterricht in der Schule benutzt."

„Ja, dann ist die Sache doch geklärt", kommentierte Ben.

„Aber Herr Benningsen, ich bitte Sie! Das ist doch eine Notlüge!"

„Ach ja? Warum glauben Sie das?"

Ben versuchte, beim Tischdecken zu helfen, und nahm sich der
Bestecke an.

„Warum?" Iris kam ins Stocken. „Na ja … weil … das sagt mir
eben mein Bauch."

Ben nickte. Dann warf er Iris hilflose Blicke zu. Plötzlich wusste
er nicht mehr, ob er die Gabel rechts oder links neben den Teller
legen sollte. Lächelnd übernahm Iris das für ihn und legte die
Gabel ordnungsgemäß links und die Fischmesser rechts ab.

„Und immer mit der Schneideseite nach innen. Daran erkennen
Sie, wer Stil hat. Verstehen Sie?" Iris lächelte: „Das habe ich mal
gelernt in einem Kurs über Benimm und Etikette."

Ben machte große Augen. Er wusste, er musste noch viel lernen.
Dann nahm er den Faden wieder auf: „Und was sagt Ihr Mann zu
der Sache?", fragte Ben weiter. „Oder haben Sie nicht mit ihm
darüber gesprochen?"

„Mein Mann? Natürlich habe ich mit ihm darüber gesprochen.
Er meinte nur, er vertraue seiner Tochter."

„Und Sie?"

„Ich vertraue meiner Tochter natürlich auch. Aber trotzdem bleibt da dieses Gefühl …"

Inzwischen war der Tisch gedeckt und der Fisch so butterweich, dass er zu zerfallen drohte. Iris' Mann Günther ließ sich von seiner Sprechstundenhilfe entschuldigen. Er sei noch zu einer Patientin gerufen worden und würde es nicht schaffen, über Mittag nach Hause zu kommen.

„Das Los einer Arztfrau!", seufzte Iris. Dann fingen Ben und sie schon an zu essen. Iris war anzumerken, dass sie sich Gedanken darüber machte, warum die beiden Großen nicht kamen. Aber sie bemühte sich, es locker zu nehmen.

Da ging die Haustür, und Moritz tauchte auf.

„Moritz, da kommst du ja gerade noch rechtzeitig!", empfing Iris ihren Sohn. „Du weißt ja, wir haben heute einen Gast, und ich habe ganz leckeren Fisch gemacht."

Moritz warf seinen Schulrucksack in die Ecke, setzte sich an den Tisch. Mit einer stummen Handbewegung grüßte er Ben. Dann fiel sein Blick auf das Essen.

Uäh! Ich kotz gleich! Gibt's nicht auch was anderes?

Moritz

„Du, Schatz, das ist gut. Probier mal! Alles ganz frisch."

„Das kannste dir in die Haare schmieren. Da habe ich keinen Bock drauf", meckerte Moritz.

Iris' Miene versteinerte. „Moritz, bitte benimm dich jetzt! Wir haben einen Gast!"

„Das kann ich echt nicht essen. Da wird mir kotzübel."

„Aber irgendwas musst du doch essen", versuchte Iris ihn zu überzeugen.

„Haste Pommes da?"

„Nein. Fisch und Gemüse sind auch viel gesünder."
„Aber ich will Pommes."
„Pommes gibt es nicht. Dann mach dir jetzt ein Brot."
Unsicher wandte sich Iris an Ben Benningsen.
„Oder was sagen Sie?"
„Ich finde das Essen sehr lecker", meinte Ben.
Moritz stand wortlos auf, hielt sich den Bauch und ließ sich auf die Couch fallen.
„Moritz, was ist denn mit dir?", erkundigte sich Iris besorgt.
Sie entschuldigte sich kurz bei Ben und ging zu ihrem Sohn hinüber. „Soll ich Papa Bescheid sagen?"
„Ne. Es geht schon", stöhnte Moritz. „Mein Bauch knurrt nur so komisch. Und er tut so weh!"
„Ich sag doch, du musst etwas essen."
„Oh, es tut so weh …", stöhnte Moritz weiter.
Iris seufzte, ging zu ihrer Tasche, holte den Geldbeutel und drückte Moritz etwas Geld in die Hand.
„Na gut, dann hol dir eine Tüte Pommes! Ausnahmsweise!"
Schlagartig verschwanden die Bauchschmerzen. Moritz sprang auf. Und im Vorbeigehen raunte er Ben zu:

Der Bauchwehtrick klappt fast immer!

Moritz

Dann verließ Moritz das Haus, um sich seine Lieblingsspeise zu besorgen. Zerknirscht setzte Iris sich wieder und gestand: „Ich weiß, eigentlich müsste man konsequent sein."
Ben wollte ihr schon recht geben. Aber er spürte, dass das in dieser Situation wenig hilfreich war. Stattdessen tröstete er Iris: „Sie dürfen sich nicht so unter Druck setzen."
„Ja, Moritz ist ja nun auch in der Pubertät", versuchte Iris sich zu entschuldigen. „Da hat man es manchmal wirklich nicht leicht."

Wieder ging die Haustür. Diesmal war es Miriam, die sechzehn-
jährige Tochter des Hauses. Iris ging ihr entgegen. „Miriam!",
fuhr sie sie an, „Warum kommst du jetzt erst? Herr Benningsen
ist da. Und wir wollten doch heute alle schön gemeinsam essen!"
Miriam grüßte Ben mit einem kurzen Blick und entgegnete ihrer
Mutter knapp: „Sorry, hab's vergessen!"
„Du vergisst alles! Das ist zum Mäusemelken mit dir!", beschwerte sich Iris weiter. Aber ihre Worte prallten an Miriam ab. „Papa
ist doch auch nicht da. Und du bist nur schlecht gelaunt."
Iris versuchte, sich wieder zu beruhigen. „Bis eben hatte ich gute
Laune."
„Ach ja?", erkundigte sich Miriam ironisch. „Dein Gesicht sah
aber schon beleidigt aus, als du mich gesehen hast. Fast so, wie
Oma Margot manchmal guckt."
„Bitte, ja! Vergleich mich nicht mit Margot", verlangte Iris und
gab sich Mühe, dabei auf keinen Fall beleidigt zu klingen. Miriam
spürte die Ratlosigkeit in der Stimme ihrer Mutter. Sie schaute
sie mitleidig an und hakte genüsslich da ein, wo sie Iris besonders
nachhaltig treffen konnte.

**Was kann ich denn dafür, dass Oma Margot deine
Schwiegermutter ist und Papa nur verhätschelt.**

Miriam

Mit diesen Worten machte Miriam kehrt und wollte das Haus
gleich wieder verlassen. Ihre Mutter wusste im ersten Augenblick
nicht, was sie sagen sollte. Aber dann rief sie Miriam hinterher:
„Halt, stopp mal! Ich lasse es nicht zu, dass du gleich wieder
gehst. Erst wird gegessen, und dann machst du Schularbeiten."
Langsam drehte sich Miriam um.
„Erstens", stellte sie gereizt fest, „Schularbeiten habe ich schon
gemacht. Und zweitens: Ich ess unterwegs."

„Wie? Wo unterwegs? Wo willst du hin?", wollte Iris aufgebracht wissen.

„Mann, Mama, das hab ich dir heute Morgen doch schon gesagt. Du vergisst auch alles! Ich treff mich mit den Aktis."

„Mit welchen Aktis?"

„Na, mit den Umweltaktivisten. Die machen eine Floßaktion auf dem Rhein."

„Aber wir haben doch heute Besuch!"

„Du hast Besuch."

Hilfe suchend wandte sich Iris an Ben: „Lass ich sie nun gehen?"

„Das müssen Sie entscheiden. Auf mich brauchen Sie jedenfalls keine Rücksicht nehmen", erklärte Ben. Und insgeheim war er froh, dass er es nicht entscheiden musste.

Aber Iris fand einen Ausweg.

Frag deinen Vater!

Iris

Miriam ging ins Nebenzimmer und telefonierte.

Währenddessen kam Moritz mit einer Portion Pommes zurück.

„Jetzt geht's mir besser!", verkündete er mit strahlender Miene.

„Aber die isst du bitte in deinem Zimmer", ermahnte ihn Iris.

„Nicht, dass die ganze Wohnung danach stinkt."

„Okay", erklärte Moritz und verschwand in seinem Zimmer. Ihm war das nur recht. Endlich aus der Schusslinie!

Gut gelaunt kam Miriam nun aus dem Nebenzimmer zurück.

„Papa hat's erlaubt!"

„Wirklich?", erkundigte sich Iris erstaunt. „Na, da sprech ich lieber auch noch mal mit ihm." Und entschuldigend wandte sie sich an Ben. „Nur ganz kurz!"

Ben winkte ab, nach dem Motto „Lassen Sie sich nur Zeit!"

Er schaute Miriam an.

„Ärgert dich das jetzt, dass deine Mutter noch mal bei deinem
Vater nachfragt?"
Miriam ließ sich auf die Couch fallen.
„Das ist schon okay. Mein Vater hat's mir ja direkt erlaubt. Ich
hab ihm gesagt, ich will einen Artikel in der Schülerzeitung
drüber schreiben. Und da hat er's eingesehen."
Ben nahm wieder auf seinem Sessel Platz. Nun hatte er schon ein
wenig Übung und fand gleich eine Haltung, in der er sich sogar
souverän fühlte. Er schmunzelte.
„Und warum hast du das deiner Mutter nicht auch erzählt?"
„Die war doch sowieso nur anti drauf. Da hätte das auch nichts
genützt."
Mit einem Mal setzte sich Miriam auf. „Wollen Sie mich etwa
aushorchen?", fragte sie misstrauisch.
Ben strich sich durch die Haare.
„Wenn du keine Lust hast, musst du mir nichts erzählen."
„Ist schon in Ordnung", lenkte Miriam ein. „Ich finde meine
Eltern ganz okay. Ehrlich. Wenn die immer nachhaken, wo ich
hingehe, wann ich wiederkomme und so … dann weiß ich
wenigstens, dass die an mich denken. Bei einer Freundin von mir
läuft das ganz anders."
„Wie denn?", wollte Ben wissen.
„Die machen gar nichts. Die kann tun und lassen, was sie will.
Kann nach Hause kommen, wann sie will, und Fernsehen
kontrollieren die auch nicht. Ich fand das erst ganz klasse und
habe Patrizia – so heißt meine Freundin – beneidet. Aber
Patrizia meinte dann, dass ihr das auf die Dauer voll auf den
Wecker geht. Irgendwie habe sie so das Gefühl, sie sei für ihre
Eltern Luft. Das ist ja auch ätzend."
„Also dann lieber klare Angaben?"
Miriam überlegte einen Moment.
„Ja, schon … natürlich sollen sie auch nicht übertreiben. Janine
– eine andere Freundin von mir –, die hat so einen nervenden

Vater. Der schreit sofort rum, hält nichts aus und meint aber, er sei der beste Vater aller Zeiten. Janine ist da so sauer drüber! Kann ich verstehen. Jahrelang hat der Typ sich rausgehalten. Jetzt macht er immer Janines Mutter an, wenn irgendwas ist. Wirft ihr vor, sie habe versagt. Das ist doch voll asi! Mit einem Mal will der alles nachholen. Kontrolliert die Hausaufgaben und kümmert sich um jeden Scheißdreck!"

Jetzt kam Iris wieder, schnappte das letzte Wort auf und wurde sofort hellhörig.

„Miriam, wir hatten doch abgemacht, dass wir diese Ausdrücke bei uns im Haus nicht benutzen", ermahnte sie ihre Tochter. „Wegen Antonia und überhaupt."

„Mama, manchmal nervst du wirklich!", machte Miriam ihrem Ärger Luft. „Hast keine Ahnung, um was es geht, und redest einfach nur dagegen. Außerdem ist Antonia doch gar nicht da."

„Aber unser Besuch", Iris deutete lächelnd auf Ben Benningsen. „Ich wette, der ist viel lockerer als du. Außerdem hat der bestimmt schon ganz andere Sachen gehört. Oder?" Miriam sah Ben auffordernd an.

„Das stimmt", meinte er.

„Und was hat Papa jetzt gesagt?", wollte Miriam wissen.

„Wir haben uns geeinigt. Du kannst gehen", erklärte Iris. „Aber um zehn Uhr bist du wieder da!"

„Super!" Miriam fiel ihrer Mutter um den Hals. „Die Umwelt dankt!"

Dann suchte sie ihre Klamotten zusammen und wollte schon gehen, drehte sich aber vorher noch einmal kurz zu Ben um und meinte: „Unser Gespräch bleibt doch unter uns?"

„Großes Indianerehrenwort!", versprach Ben.

„So dick muss es gar nicht sein", lächelte Miriam. „Ein einfaches Ehrenwort reicht."

Dann verschwand sie. Iris schaute ihr sinnend nach: „So schnell werden die Kinder groß!"

Sie blickte auf ihre Uhr.

„Ja, Herr Benningsen, dann werden Sie gleich unsere Jüngste kennenlernen. Antonia. Eine Freundin von mir bringt sie. Ach, vielleicht erinnern Sie sich an sie. Jacqueline Hausmann. Sie war ja auch kurz auf dem Fest meiner Schwiegermutter."

Ben erinnerte sich an die energiegeladene, quirlige junge Frau. Irgendetwas hatte die an sich, aber Ben konnte nicht wirklich sagen, was.

Da klingelte es auch schon. Iris ging zur Tür, um zu öffnen.

„Mama, Mama, ich hab mit Malte Kuchen gebacken."

Stolz präsentierte die fünfjährige Antonia ihrer Mutter zwei kleine Kuchen.

„Wir haben meine neuen Muffin-Formen ausprobiert", erklärte Jacqueline und begrüßte Iris mit einem angedeuteten Kuss.

„Ja, da kommt ihr ja gerade richtig zum Kaffee", empfing Iris ihre Freundin. „Jacqueline, Ben Benningsen kennst du ja wahrscheinlich."

Als Jacqueline Hausmann Ben erblickte, verzog sie kurz das Gesicht, nickte ihm mit einem kühlen Lächeln knapp zu und zog dann ihre Freundin auf die Seite.

Antonia lief direkt auf Ben zu, präsentierte ihm ihre Kuchen und erklärte ihm auch, wie sie die gemacht hatte.

Währenddessen redete Jacqueline auf ihre Freundin ein. „Du, Iris, sei mir nicht böse", erklärte sie mit einem abschätzigen Seitenblick auf Ben. „Auf pädagogisches Gesülze habe ich gerade überhaupt keine Lust. Wie lange ist denn der Laberkopf schon hier?"

„Laberkopf? Eigentlich habe ich mehr geredet als er", überlegte Iris.

„Egal … du weißt doch, dass Leute, die anderen erklären wollen, wie sie ihre Kinder erziehen sollen, für mich ein rotes Tuch sind."

„Jetzt komm schon, bleib doch auf einen kleinen Kaffee", versuchte Iris sie zu überreden.

Jacqueline schüttelte lächelnd den Kopf.

„Ich muss mich ja dann auch noch aufhübschen wegen des Salsa-kurses. Es bleibt doch dabei, dass ihr mitkommt?“

Iris stutzte. Daran hatte sie gar nicht mehr gedacht. Sie verdrehte leicht die Augen und seufzte. „Jacqueline! Gut, dass du das jetzt sagst. Ich hätte es ganz vergessen.“

Da fiel ihr Blick auf Antonia, die Ben immer noch vom Kuchen-backen erzählte und gerade darauf bestand, dass er unbedingt probieren müsse.

„Scheiße!“, entfuhr es Iris.

Scheiße sagen wir doch nicht, Mami!

Antonia

Ihre kleine Tochter berichtigte sie und fragte Ben: „Oder sagst du Scheiße?“

Plötzlich waren alle Augen auf ihn gerichtet. Jacqueline grinste amüsiert. Sie wollte unbedingt sehen, wie Ben Benningsen sich wohl aus der Affäre ziehen würde.

„Entschuldigung“, hauchte Iris. Ihr war das alles sehr peinlich.

„Sagst du Scheiße oder sagst du nicht Scheiße?“, hakte Antonia fröhlich bei Ben nach. Sie hatte einen Weg gefunden, das Wort auszusprechen, ohne dass ihre Mama sie dafür schimpfen konn-te, und das gefiel ihr.

Ben dachte fieberhaft nach, was er darauf jetzt antworten sollte. Jacquelines Blick machte klar, dass er sich auf dem pädagogi-schen Prüfstand befand. Und sein Anspruch an sich selber verbot es ihm, dass er versagte. Dieser Druck hatte zur Folge, dass ihm nun gar nichts mehr einfiel. Aber Iris rettete ihn aus der Situation.

„Antonia, Schatz! Jetzt ist es gut! Mami hat sich entschuldigt.“ Und um ihre Tochter abzulenken, schlug sie vor: „Willst du Herrn Benningsen nicht mal etwas auf deiner Blockflöte vor-spielen?“

„Oh ja!", freute sich Antonia und rannte in ihr Zimmer, um ihre Flöte zu holen.

Iris atmete auf. In diesem Moment ahnte sie noch nicht, dass sie ihrer Tochter damit gerade einen Wink gegeben hatte, der sie in eine nervenaufreibende Geduldsprobe führen sollte …

„Also seid ihr nun dabei oder nicht?", wiederholte Jacqueline noch einmal ihre Frage.

„Das Problem ist, ich habe keinen Babysitter für Antonia", gestand Iris.

„Wo denn ist Miriam?"

„Sie hat die Erlaubnis, heute bis zehn Uhr wegzubleiben. Da hatte ich den Salsakurs ganz vergessen."

Aufgedreht und flötend kam Antonia wieder ins Zimmer.

„Schatz, spielst du bitte ein bisschen leiser!", bat Iris sanft.

„Die Musik muss aber so laut sein!", stellte Antonia fest und blies munter weiter. Sie hüpfte dabei auf Ben zu und umflötete ihn, als wolle sie an ihm eine Art Schlangenbeschwörung üben. Ben lächelte gelassen und ließ es geschehen. Bald würde er sich höflich verabschieden, und dann wartete die Ruhe seines eigenen Heimes auf ihn. Da begegnete sein Blick dem von Jacqueline. Ihre Augen blitzten. Sie schien irgendetwas im Schilde zu führen. Und schon hörte er sie sagen: „Aber Iris, wo ist das Problem? Hier sitzt doch ein Spezialist. *Der* Fachmann für perfekte Erziehung. Ich würde sagen, du könntest deine Kinder keinem Besseren anvertrauen!"

Iris und Ben sahen sich verdutzt an.

„Du meinst, Herr Benningsen als Babysitter?", erkundigte sich Iris verwirrt.

Ben fühlte, wie ihn eine große Verunsicherung befiel. Immerhin war er hierher gekommen, um etwas vom Lühnefeldtschen Familienleben mitzubekommen. Wenn er diese Aufforderung jetzt ablehnen würde, wie sähe das aus? Ihm musste ganz schnell eine Ausrede einfallen. Eine plausible!

Aber Jacqueline machte es ihm noch schwerer, denn sie bemerkte grinsend: „Schau doch mal, wie gut er und Antonia sich verstehen."

Wie zur Bestätigung flötete Antonia Ben direkt ins Ohr.

„Iris, da sitzt der perfekte Pädagoge! So eine Chance bekommst du so schnell nicht wieder!"

„Ja, also …", Ben wollte gerade zu einer Entschuldigung ansetzen, die er sich noch ganz schnell ausdenken musste, da wandte Iris sich freudestrahlend an ihn.

„Herr Benningsen, Sie würden das wirklich tun?"

„Na ja, wo ich schon mal da bin", hörte Ben sich sagen. Und er wusste gar nicht so recht, wie ihm das rausgerutscht war.

„Aber Ihre Frau? Was sagt denn Ihre Frau dazu?", fragte Iris weiter.

Das wusste Ben auch nicht. Denn er hatte ja gar keine Frau.

„Ich denke, unser lieber Herr Benningsen kann das seiner Frau bestimmt erklären", stichelte Jacqueline. „Welche Frau hätte für so etwas kein Verständnis? Und er kann es ja auch noch mit dem Dienst an der Wissenschaft begründen!"

Ben fühlte sich überhaupt nicht wohl in seiner Haut. Jacqueline schaute ihn so provozierend an. Ahnte sie etwas? Und jetzt legte sie auch noch verschwörerisch ihre Hand auf seine Schulter.

„Wollen Sie sie nicht gleich anrufen?"

Ben spürte, aus dieser Situation kam er nur heraus, wenn er das Theater mitspielte. So griff er mit einem fröhlichen „eine gute Idee!" zu seinem Mobiltelefon.

Er stellte sich ein wenig abseits, damit Iris und Jacqueline nicht mitbekamen, wer am anderen Ende der Leitung war, als er jetzt seine Nummer wählte.

„Hier ist der Anrufbeantworter von Ben Benningsen …", ertönte es. Ben sprach über die Ansage: „Ja, hallo Schatz. Du, heute Abend wird es doch ein bisschen später. Ich wollte noch über spezielle Methoden beim Babysitting recherchieren."

Nun tat Ben so, als würde er die Antwort abwarten. Iris und Jacqueline lächelten sich zu und nickten vielsagend.

Die Stimme am anderen Ende sagte: „Bitte hinterlassen Sie eine Nachricht nach dem Signalton."

Und Ben sagte: „Na, prima, Schatz. Ich wollte nur, dass du Bescheid weißt. Ja, dann bis später!"

Er beendete das Gespräch und blickte die beiden Damen an.

„Kein Problem", bemerkte er mit einem gewissen Triumph. Der bezog sich allerdings vor allem darauf, dass sein Täuschungsmanöver so gut geklappt hatte. Iris und Jacqueline waren mehr von der Toleranz seiner Frau beeindruckt.

Jacqueline verabschiedete sich, weil sie nach Hause wollte, um ihre Vorbereitungen zu treffen, und Iris fiel ein, dass sie Ben ja noch bitten wollte, mal unter vier Augen mit Moritz zu reden. Der hatte sich schon die ganze Zeit in seinem Zimmer verschanzt. Mit dem Hinweis: „Vielleicht finden Sie ja einen Zugang zu ihm?" führte sie Ben Benningsen zu Moritz' Zimmer.

Antonia begleitete ihren neuen Freund Ben mit schrägen Flötentönen. Doch als sie mit ins Zimmer schlüpfen wollte, hielt Iris ihre kleine Tochter auf: „Jetzt kannst du Mama mal vorspielen, was du Neues gelernt hast", schlug sie vor.

Antonia war einverstanden, ja geradezu begeistert. Und Iris raunte Ben etwas zu.

Bitte! Befreien Sie Moritz vom Computerfluch!

Iris

Während von draußen Antonias Flötenversuche zu hören waren, die wehtaten und die Ohren quälten, setzte sich Ben zu Moritz an den Schreibtisch.

Moritz schaute nur kurz von seinem Computerbildschirm auf und vertiefte sich dann wieder in sein Abenteuerspiel. Ben schwieg zunächst und schaute Moritz beim Spielen zu. Er musste sich eingestehen, dass er die aufwendige Grafik des Spiels faszinierend fand. Und er bewunderte die Geschicklichkeit, mit der Moritz sich in diesen fremden Welten bewegte.

„Das ist ja richtig spannend", stellte Ben bewundernd fest.

Moritz hielt irritiert inne und schaute ihn skeptisch von der Seite an. Ben betrachtete den Bildschirm genauer.

„Da muss man ja richtig geschickt sein! Kompliment. Soweit ich es beurteilen kann, machst du das gut."

Verwirrt lehnte sich Moritz zurück und musterte Ben misstrauisch. „Ich dachte, du sollst mir hier 'ne Standpauke halten!"

„Wie kommst du drauf?", wollte Ben wissen.

„Na, wie wohl? Meine Mutter nervt die ganze Zeit damit." Und mit erstaunlicher Perfektion imitierte Moritz Iris' Sprechweise: „Du hängst immer nur an dem Gerät rum, vergisst alles um dich herum! Am liebsten würdest du doch reinkriechen!" Jetzt klang Moritz wieder wie er selbst. „Ich mein, da hat sie ja recht. Das wär echt cool!"

„Und was sagt dein Vater dazu?"

Moritz legte den Kopf schief und überlegte einen Moment. „Ich glaube, der findet das im Prinzip in Ordnung", stellte er fest. „Der hat in seiner Praxis ja auch Computer und interessiert sich dafür. Und Papa sagt, dass die unser Leben schon leichter machen. Mama seufzt immer ganz angestrengt, wenn sie das hört. Und wenn er dann meint, irgendwie würde sich das schon alles regulieren, dann seufzt sie noch mehr. Papa ist da einfach viel lockerer."

„Meinst du, das könnte daran liegen, weil er die meiste Zeit nicht da ist?", fragte Ben.

Moritz grinste. „Guter Beitrag! Korrekt! Da hat er's natürlich leichter. Mama sagt ja auch oft …", und jetzt imitierte er sie wieder: „Immer wenn ich dich brauche, bist du nicht da! Alles bleibt an mir hängen. Ich koche, wasche, putze, räume euch alles nach, kümmer mich um die Hausaufgaben, und bei dir reicht es dann gerade mal für eine Gutenachtgeschichte!"

Ben nickte wissend. Solche Beschwerden kannte er von vielen Müttern. „Und wie reagiert dein Vater darauf?"

„Der zieht dann ganz lässig die Trumpfkarte: seinen Beruf. Hey, mein Dad ist Arzt! Da geht's manchmal um Leben und Tod. Was soll meine Mutter da sagen? Da tut sie mir manchmal sogar leid. Denn eigentlich ist sie schon ganz in Ordnung. Neulich, da hat sie super reagiert …"

Gedankenverloren spielte Ben mit der Computermaus. Eine kleine Melodie ertönte. „Oh! Hab ich Mist gebaut?"

„Ne, du hast gerade zehn Punkte eingefahren. Glückwunsch!"

Moritz klopfte ihm auf die Schulter. Ben kam zum eigentlichen Thema zurück.

„Und um was ging es bei der Sache mit deiner Mutter?"

„Na ja, Freunde von mir wollten eine Mega-Videosession machen. Die Nacht durch. Ab elf Uhr sechs Science-Fiction-Filme hintereinander. Aber so richtig harte, alle erst ab sechzehn. Da habe ich gefragt, ob ich da hindürfte."

„Und du hast ihr das alles so erzählt?", staunte Ben. „Ich meine, du hättest ja bloß sagen brauchen, du willst bei deinen Freunden übernachten."

Moritz wurde nachdenklich.

„Stimmt", gab er zu. „Aber ich glaube, ich wusste selber nicht genau, wie ich das finde. Meine Freunde jedenfalls fanden das voll krass. Und wenn ich gesagt hätte, ich will nicht, wär ich für die der absolute Warmduscher gewesen. Na ja, dann habe ich meine Mutter gefragt. Und eigentlich dachte ich schon, die fängt gleich an mich vollzulabern, wie schädlich das ist und so weiter …"

Ben schaute Moritz gespannt an.

„Würdste doch jetzt auch denken, oder?"

Ben wiegte den Kopf unschlüssig hin und her.

Aber dann hat sie was ganz Tolles gemacht: Sie hat mich echt ernst genommen.

Moritz

Moritz schnalzte anerkennend mit der Zunge. „Sie hat null lamentiert, war ganz cool. Sie hat mir nur genau erklärt, warum das auch blöd für sie werden könnte. Also wegen dem Jugendschutz eben. Filme ab sechzehn wären für mich verboten. Und da hätte sie die Erziehungsverantwortung."

„Und das konntest du auch so annehmen?", wunderte sich Ben.

„Ehrlich gesagt war ich selbst erstaunt. Aber dann habe ich gemerkt, dass ich da sowieso nicht so viel Bock drauf hatte. Also habe ich meinen Freund angerufen und abgesagt, weil meine Eltern es verboten hätten. Das war dann auch okay."

Er überlegte einen Moment. Dann meinte er: „Also eigentlich find ich das schon gut, wenn Eltern klare Ansagen machen. Auf jeden Fall besser, als so'n Schlaffi-Vater zu haben wie mein Freund Marko. Der will immer sein Kumpel sein, versucht auch so zu reden. Der ist echt voll peinlich."

Ben nickte. Und machte sich im Geiste schon mal Notizen.

„Und wie läuft das sonst so mit dem Fernsehen bei euch?"

Moritz grinste. „Wie das läuft? Wenn der Fernseher läuft, läuft er!"

„Äh?" Ben stutze. „Was heißt das?"

„Das war ein Scherz!", lachte Moritz. „Du horchst mich hier echt aus, was?"

„Wird's dir zu viel?"

„Ne. Is schon okay. Is ja dein Beruf." Und er dachte nach. „Ach, wir stellen dann immer zusammen so Regeln auf, wer was wann sehen darf. Vor allem auch, weil der Zwerg Antonia nicht so viel vor der Glotze hängen soll. Aber meine Mama schaut ja selber gern fern, also so bestimmte Soaps, die echt nur peinlich sind. Ich glaub, manchmal ist es ihr selber peinlich."

„Wie kommst du darauf?"

„Na ja, weil Oma Margot neulich kam und der Fernseher lief noch. Und dann hat Mama so getan, als ob sie das nur ganz ausnahmsweise gesehen hätte. Sie hätte den falschen Knopf gedrückt."

Ben nickte und deutete auf einen Haufen Schulhefte.

Hast du die Hausaufgaben schon gemacht?

Ben Benningsen

„Solltest du mich das auch fragen?", erkundigte sich Moritz genervt.

„Ne. Das fiel mir nur so ein, als ich die Hefte da gesehen hab", erklärte Ben.

Moritz seufzte. „Das mit den Hausaufgaben ist nämlich ein echter Nervpunkt bei uns. Meine Schwester Miriam ist da ja voll die Streberin. Und ich krieg das immer unter die Nase gerieben. Dann habe ich natürlich erst recht keine Lust. Und dann droht meine Mutter mit Fernsehentzug."

Ben nickte wissend. So etwas kannte er auch von anderen Familien.

„Aber eigentlich ist das ganz praktisch", stellte Moritz fest.

„Wieso?"

„Na ja. Ganz einfach. Wenn ich jetzt irgendeine besondere Sendung sehen will, dann mache ich etwas, das meine Mutter gut findet. Und dann läuft das.

Du musst das Prinzip nur durchschauen, dann bist du der König.

Moritz

Aber das bleibt unter uns, okay?"

Ben versprach es. In diesem Augenblick hörte man draußen quengelndes Geschrei. Antonia schien mit etwas ganz und gar nicht einverstanden zu sein. Ben gab Moritz einen kurzen Wink und steckte den Kopf durch die Tür.

„Kann ich helfen?", erkundigte er sich.

Iris ließ ihre Schultern frustriert hängen und seufzte. „Antonia will unbedingt fernsehen, und ich habe es ihr verboten."

„Und das ist soooo gemein!", nörgelte Antonia. „Mannoooo!" Sie quetschte sich ein paar Tränen aus den Augen. „Ihr geht weg und lasst mich allein!"

Iris versuchte ihre Tochter in den Arm zu nehmen, wurde von ihr aber brüsk weggestoßen. Sie ging in die Hocke und schaute Antonia in die Augen.

„Schatz, schau mal, Moritz ist doch da, Miriam kommt bald wieder, und dann bleibt Herr Benningsen extra hier."

„Antonia, wenn du willst, erzähle ich dir eine Geschichte", schlug Ben vor.

„Nein!", verkündete Antonia. „Ich will fernsehen."

„Ein andermal", erklärte Iris und war stolz auf sich, dass sie so konsequent blieb.

Da hörten sie die Haustür, und ihr Mann kam nach Hause.

Freudig lief Antonia ihrem Vater entgegen.

„Papi, Papi, ich hab dich so lieb!"

Gerührt nahm Günther seine Jüngste auf den Arm. „Ich hab dich auch lieb, mein Schatz!", sagte er und drückte ihr einen Kuss auf die Stirn.

Dann flüsterte Antonia ihm ins Ohr: „Duuhuu … ich möchte so gerne ein bisschen fernsehen. Darf ich?"

Günther gab Antonia einen Stups auf die Nase.

„Klar, Prinzessin! Aber nicht zu lange! Ich mach dir den Apparat gleich an."

„Du bist der beste Papi!", freute sich Antonia und drückte ihrem Vater einen Schmatz auf die Backe.

Günther stellte seine Tochter auf den Boden. Ausgelassen sprang sie in die Fernsehecke. Günther nickte Ben Benningsen zu und wollte auch seine Frau mit einem Kuss begrüßen. Aber sie zeigte ihm die kalte Schulter.

„Was ist denn?", erkundigte er sich irritiert.

„Ich hatte Antonia gerade verboten fernzusehen", stellte Iris vorwurfsvoll fest.

„Ach so", Günther atmete auf. „Ich dachte schon, es sei was Schlimmes passiert." Dann wandte er sich kurz an Ben. „Tut mir leid, dass ich erst jetzt komme. Ich wollte es eigentlich früher schaffen. Aber die Patienten machen einem leider oft einen Strich durch die Rechnung."

„Kein Problem", erwiderte Ben und machte eine entsprechende Geste. Er fühlte sich nicht ganz wohl in seiner Rolle. Ben spürte, dass hier Spannung in der Luft lag.

Iris wirkte geladen, bemühte sich aber, Haltung zu bewahren. Und in gepresst freundlichem Ton drängte sie ihren Mann:

„Jetzt musst du dich fast auch schon beeilen."

„Beeilen? Wieso?", erkundigte sich Günther ahnungslos.

„Na, der Salsakurs! Diesen Termin heute Abend haben wir vor Monaten festgelegt."

Günther erstarrte. Dann strich er seiner Frau verständnisheischend über die Schulter.

„Oh ne! Wirklich, Schatz … heute Abend ist das aber ganz, ganz schlecht."

„Bei dir ist es doch jeden Abend schlecht", schnappte Iris, und man spürte, dass sie jetzt innerlich kochte.

„Aber heute war wirklich besonders viel los. Lass es uns verschieben! Bitte!" Günther sah seine Frau treuherzig an.

Aber für Iris war die Enttäuschung zu groß. Sie ließ sich nicht erweichen.

„Nein, Günther", erklärte sie bestimmt. „Das verschieben wir nicht schon wieder. Das ist seit Langem der erste Abend, an dem wir mal wieder was zusammen machen. Und ich habe mich wirklich drauf gefreut."

„Ich mich doch auch", schwindelte Günther. „Und an jedem anderen Abend gerne. Aber heute ..." Er ließ sich auf die Couch sinken. „Heute bin ich einfach zu fertig."

Iris baute sich vor ihm auf, bereit ihm die Meinung zu sagen. Aber dann schluckte sie ihre Wut doch hinunter und erklärte beleidigt:

„Und ich habe extra alles organisiert! Herr Benningsen hat sich sogar angeboten, als Babysitter auf Antonia aufzupassen, weil Miriam ja erst später kommt. Aber das interessiert dich alles nicht. Dich interessiert doch nur deine Praxis. Da bist du für jeden da. Aber wenn ich einmal etwas von dir will, dann ... ach!" Iris drehte sich abrupt um. „Es ist doch zwecklos!"

„Schatz, bitte! Jetzt bist du aber ungerecht", verteidigte sich Günther. „Ich verkaufe eben keine Autos. Ich kann nicht einfach um fünf Uhr die Rollladen runterlassen und das war's!"

Er blickte zu Ben und lächelte ihn gequält an.

„Außerdem haben wir einen Gast. Daran solltest du auch denken."

„Herr Benningsen ist Kummer gewöhnt", meinte Iris mit scharfem Ton.

Ben versuchte sich ein Lächeln abzuringen. Mittlerweile fühlte er sich völlig fehl am Platze.

„Vielleicht sollte ich doch besser gehen!"

„Tut mir leid, wenn ich Ihnen jetzt den Abend verdorben habe", erklärte Günther. „Das war nicht meine Absicht."

„Um meinen Abend müssen Sie sich keine Sorgen machen. Ich glaube, die Enttäuschung ist für Ihre Frau viel größer", merkte Ben lächelnd an.

„Siehst du, er versteht mich wenigstens!", ereiferte sich Iris.

Günther zuckte hilflos mit den Schultern. Dann hatte er eine Idee.

„Dann nimm doch Herrn Benningsen mit zum Salsakurs", schlug er vor. „Ich wäre da doch nur eine Spaßbremse!"

Ben wollte gerade etwas sagen, da kam Iris ihm zuvor. Sie hakte sich bei ihm unter und flüsterte ihm ins Ohr: „Bitte, Herr Benningsen, sagen Sie ja! Er hat es nicht anders verdient!"
Verdutzt schaute Ben Iris an. Die gab ihm einen Stups. „Na, wollten Sie nicht schon lange Salsa lernen?"
„Na ja …", stotterte Ben. „Ich glaube, ich bin auf dem Gebiet doch sehr ungeschickt."
„Dann ist ein bisschen Nachhilfe genau das Richtige für Sie", ermunterte ihn Günther.
„Bitte!", flüsterte Iris wieder.
Ben schaute von einem zum anderen und sagte schließlich: „Na gut. Ja." Mehr nicht. Denn er war selbst zu unsicher, auf was er sich da einließ.
Aber die Abmachung war getroffen: Er würde mit Iris zum Salsakurs gehen. Und jetzt drängte die Zeit. Iris versprach, dass sie ganz schnell mit dem Umziehen fertig wäre.
Und wirklich stand Iris ein halbe Stunde später in einem sehr sexy Kleid im Raum. Günther blieb für einen kurzen Moment die Luft weg. So hatte er seine Frau lange nicht gesehen.
„Schatz, du siehst umwerfend aus!"
Iris war immer noch ein wenig eingeschnappt. „Bier steht im Kühlschrank", sagte sie knapp.
Dann verließen sie und Ben das Haus.
Seine Teilnahme am Salsakurs verbuchte Ben mehr unter Privateinsatz. Der erzieherische Aspekt trat hier für ihn eindeutig in den Hintergrund. Denn die Schrittkombinationen und Körperverrenkungen, die Ben abverlangt wurden, forderten ihn auf ungewohnte Art und Weise. Dazu kam die Tatsache, dass er sich von Jacqueline Hausmann die ganze Zeit spöttisch beobachtet fühlte. Da tat es gut, wenn Iris ihn für seine tänzerischen Fortschritte mal lobte. Aber im Großen und Ganzen wollte Ben nach dieser Erfahrung eigentlich keinen Salsakurs machen. Auch wenn er vielleicht jemanden damit beeindrucken könnte.

Dass das ganze Erlebnis dann doch noch etwas mit Familien-konflikten zu tun hatte, merkte Ben erst, als er Iris wieder nach Hause brachte. Eigentlich wollte er sie nur absetzen und dann gleich weiterfahren. Doch Iris bestand darauf, dass er noch kurz mit hereinkam.

„Aber wirklich nur ein paar Minuten", erklärte er.

Iris schloss die Tür auf und bemühte sich, leise zu sein, denn im Haus schienen alle schon zu schlafen.

Als sie in den Flur kamen, ging plötzlich das Licht an, und Miriam stellte sich ihrer Mutter in den Weg.

„Ehrlich, Mama, du bist einfach nur peinlich!", kommentierte sie scharf. Und mit bösem Blick auf Ben fügte sie hinzu: „Schmeißt dich dem an den Hals! Du schreckst wohl vor gar nichts zurück, um diesen Erziehungs-Oscar zu bekommen!"

„Miriam!" Iris wurde laut. „Jetzt ist es aber gut. Geh sofort in dein Zimmer! Wir reden später."

„Der arme Papa!" Mit diesen Worten verschwand Miriam. Dafür tauchte nun Günther auf, vollkommen schlaftrunken.

„Ich glaube, ich gehe jetzt besser", sagte Ben und wollte sich schnellstmöglich aus dem Staub machen.

Iris war durch Miriams Auftritt ziemlich geladen und fuhr ihren Mann unvermittelt an: „Willst du mir jetzt auch noch eine Szene machen? Mein Lieber, falls es dir entfallen ist: Es war dein Vor-schlag! Weil du ja wieder mal keine Zeit hattest!"

Günther wusste gar nicht, wie ihm geschah. „Aber ich sage doch gar nichts", stammelte er verwirrt.

Iris blickte zu Ben hinüber. Der deutete ihr mit einer Geste an, dass er gerne gehen würde. Aber Iris wollte ihn jetzt als Schieds-richter einspannen.

„Na bitte, Ben, ich habe es Ihnen ja gesagt! Ihm …", sie deutete auf Günther, „… ist es ganz gleichgültig, was ich mache. Was würden Sie machen, wenn Ihre Frau die halbe Nacht mit einem anderen Mann tanzt?"

„Na ja, dies ist ja nun ein spezieller Fall!", versuchte Ben zu beschwichtigen.

„Trotzdem könnte er doch eifersüchtig sein, wenigstens ein bisschen", meinte Iris trotzig.

Günther wurde hellhörig. „Habe ich denn einen Grund dazu?", erkundigte er sich.

„Ich bitte Sie!", verteidigte sich Ben. „Wenn es so wäre, würde Ihre Frau Sie doch nicht mit der Nase drauf stoßen!"

Der Zweifel begann an Günther zu nagen. Er musterte seine Frau.

„Auf jeden Fall scheint es dir viel Spaß gemacht zu haben!"

„Oh ja!", triumphierte Iris.

In unserer Beziehung bin ich ja nur noch die Mama!

Iris

Provozierend rückte sie ihr Kleid zurecht. „Heute Abend habe ich mich endlich mal wieder als Frau gefühlt!"

Das saß. Günther durchbohrte Ben mit wütenden Blicken.

„Ich verstehe!", zischte er drohend.

„Oh nein, oh nein!", wehrte Ben ab. „Ich fürchte, Sie verstehen das ganz falsch!"

„Was für eine hinterhältige Masche!", stellte Günther verächtlich fest. „Erst markieren Sie den Frauenversteher, und dann haben Sie leichtes Spiel!"

„Günther, ich bitte dich!" Iris fasste ihren Mann sanft am Arm. Aber Günther riss sich los, schlug sich gegen die Stirn. „Und ich Idiot habe das Ganze auch noch ins Rollen gebracht!"

„Ja, aber vielleicht sollten Sie das doch lieber unter sich klären", schlug Ben vor. Er hatte jetzt wirklich keine Lust mehr und große Sehnsucht nach seinem ruhigen Zuhause.

Da kam Günther auch noch auf ihn zu und packte ihn.

„Ich will alles wissen! Alles! Verstehen Sie! Haarklein!"

Ben lächelte kläglich, blickte Hilfe suchend zu Iris und meinte:
„Sie haben es geschafft. Jetzt ist er eifersüchtig!“

Da schauten Iris und Günther sich an und … mussten plötzlich lachen. Günther ließ Ben los, ging auf seine Frau zu und nahm sie in den Arm.

„Das nächste Mal geh ich mit in den Salsakurs, das versprech ich dir!“, flüsterte er ihr leise ins Ohr.

Dann löste er sich von Iris. „Du siehst heute wirklich toll aus! Das Kleid kenn ich noch gar nicht, oder?“

Iris schmunzelte, küsste ihren Mann und hauchte: „Was ich darunter anhabe, kennst du auch noch nicht.“

Ben zog sich dezent zurück und verließ das Haus.

Und Ben kam zu dem Schluss:

Es gibt ein Leben mit Leidenschaft jenseits der Elternschaft.

Und Ben notierte:

* Wenn Pubertierende sich auf den Weg machen, selbstständig zu werden, müssen Eltern sich auch auf den Weg machen, dass aus Vater und Mutter wieder Mann und Frau werden, dass aus der Elternschaft eine Partnerschaft wird. Oder nein, das müssen sie ja schon viel früher, sonst zerbricht die Beziehung, bevor die Kinder in die Pubertät kommen.

* Man kann es Pubertierenden kaum recht machen. Mit Pubertierenden erfährst du jeden Tag deine Grenzen. Habe ich nicht neulich gelesen: Die wahren Helden sind die Eltern Pubertierender.

* Oder war es umgekehrt? Die wahren Helden der Gegenwart sind die Pubertierenden, deren Eltern nicht mehr wissen, dass sie selber pubertiert haben!

* Das ist schon eine Herausforderung für Eltern: zwei pubertierende Kinder und dann noch ein Wirbelwind am Ende des Trotzalters. Da hilft wohl nur das „Durchwurschteln", obgleich mir der Gedanke eigentlich völlig widerstrebt. Aber vielleicht muss ich ihn zulassen.

* Aber wo bleibt dann die ideale Erziehung? Wo bleibe ich mit meinem Erziehungs-Oscar?!

* Pubertierende begehren auf, lassen sich nicht alles gefallen. Aber irgendwie mögen sie ihre Eltern ja doch!

* Hätte ich mich das früher getraut? Nein! Nein! Nein!

* Ich hätte manchmal vor Wut schreien mögen, wenn meine Mutter, mehr noch mein Vater mir etwas verboten haben! Aber ich habe nichts gesagt, bin in den Garten hinausgelaufen und habe die Blumenbeete zerstört!

* Die Eltern wollen heute einzigartige Kinder, unvergleichlich selbstständig. Aber dazu gehört wohl auch, dass sie sich reiben, auseinandersetzen. Keine Reibung ohne Wärme.

Schlussfolgerung: Gerade weil sie sich so reiben, mögen sie ihre Eltern. Stimmt das? Ich glaube schon.
Das muss ich den Eltern vermitteln.
Aber ob sie's annehmen?

Geschwister – eine ganz besondere Liebe

Wie sich Ben Benningsen vorstellt, dass es für jedes Problem eine schnelle und richtige Lösung gibt.

Von der nächsten Familie, bei der Ben sich angemeldet hatte, wusste er nur wenig. Margot hatte ihm die Schindelbecks besonders ans Herz gelegt, weil sie ihre beiden Jungs, den sechsjährigen Leon und den dreijährigen Jannis, gut aus dem Kindergarten kannte. Und Margot war der Meinung, dass die Eltern ein paar unterstützende Hinweise gebrauchen könnten.
„Für den Erziehungs-Oscar werden sie wohl eher nicht in Frage kommen", erklärte sie Ben. „Ich mag die beiden Jungs wirklich." Sie schmunzelte. „Aber sie sind Rabauken, vor allem beim Essen. Ich glaube, ihre Mutter ist einfach überfordert mit den beiden. Sie arbeitet ja auch noch halbtags in einem Callcenter. Ihr Mann Jakob ist Dachdecker. Er ist ein ganz Bodenständiger."
„Als Dachdecker ist er aber eher weiter vom Boden entfernt." Diesen Scherz musste Ben unbedingt anbringen. Doch Margot

verstand ihn wohl nicht. Auf jeden Fall ging sie nicht darauf ein. Vielleicht lag es auch daran, dass sich für sie Scherze verboten, wenn es darum ging, Erziehung auf den richtigen Weg zu bringen. „Einem Fachmann wie dir fallen bestimmt die richtigen Ratschläge ein!", gab sie Ben noch mit.

Und so kam es also, dass Ben Benningsen sich auf dem Weg zu Familie Schindelbeck befand, diesmal mit dem Fahrrad. Denn sein eher ungelenker Auftritt beim Salsakurs hatte ihm schmerzlich klargemacht, dass er in Sachen Fitness einen größeren Nachholbedarf hatte. Also strampelte er dem kleinen Reihenhaus entgegen, in dem die Schindelbecks wohnten. Vor dem Zaun sicherte Ben sein Fahrrad vorsichtshalber mit zwei Schlössern. Er atmete tief durch und drückte auf die Klingel. Niemand öffnete. Er drückte noch mehrere Male, aber das Haus schien wie ausgestorben. Laute Klopfgeräusche waren allerdings zu hören. Im Garten hinter dem Haus werkelte offensichtlich jemand herum.

Ben klingelte noch einmal und rief laut: „Hallo, ist jemand zu Hause?"

Nebenan schaute eine ältere Dame mit ihrem Pudel aus dem Fenster. Beide schienen denselben Friseur zu haben.

„Der Herr Schindelbeck, der ist im Garten", teilte sie mit. „Soll ich ihm Bescheid sagen?"

„Ja, bitte. Das wäre sehr nett von Ihnen", antwortete Ben, noch immer schnaufend.

„Mein Gott, junger Mann, Sie schnaufen ja fast so wie mein Schnäuzelchen, wenn er einen Knochen vergräbt. Nicht, Schnauzibauzi?" Sie gab dem Pudel einen Kuss auf die feuchte Nase und verschwand.

Ben schaute sein Fahrrad an und nahm sich vor, das nächste Mal wieder mit dem Auto zu fahren. Da wurde die Haustür geöffnet. Jakob Schindelbeck, ein gut trainierter Mann mittleren Alters mit gesunder Hautfarbe, stand in der Tür.

„Herr Benningsen, tut mir leid! Ich habe Sie gar nicht gehört", begrüßte er Ben.

Und er führte ihn durch das Haus direkt in den kleinen Garten. Am hinteren Ende stand eine halb fertige Hütte. Holz lag herum und alle möglichen Werkzeuge.

Jakob deutete auf die Minibaustelle. „Ich will sie bis heute Abend fertig haben", erklärte er Ben. „Ich dachte, wir könnten sie mit Ihnen zusammen einweihen. Schön bei Lagerfeuer und Stock-brot."

„Stockbrot?", fragte Ben. Ihn erinnerte das an seine Kindheit. Wenn er seine Großeltern im Bergischen Land besucht hatte, hatte es oft Stockbrot gegeben. Dafür wurde Brotteig einfach um ein Stockende gedrückt und über der Glut gebacken.

„Ich habe mir heute extra freigenommen. Meine Frau arbeitet noch und holt die Jungs dann gleich vom Kindergarten ab", berichtete Jakob weiter. „Und die Zeit will ich natürlich nutzen."

„Kann ich denn irgendwie helfen?", erkundigte sich Ben.

Jakob Schindelbeck nickte, drückte ihm einen Hammer in die Hand und zeigte auf ein loses Brett auf dem Dach.

„Das Brett können Sie festklopfen. Wenn Sie so was können?"

„Ich gebe mein Bestes", erwiderte Ben und betrachtete den Hammer in seiner Hand zuversichtlich.

„Die Nägel sind da drüben. Ich säge dann schon mal die nächs-ten Bretter auf Kante."

„Auf Kante!", wiederholte Ben in Gedanken. Hier sprach ein Fachmann.

Er suchte sich Nägel zusammen, während Jakob zu sägen anfing.

Der erste Nagel durchstieß das Holz tadellos. Stolz wollte Ben seinen Erfolg mit einem zweiten Nagel wiederholen. Mit noch mehr Schwung holte er aus, schlug zu … und traf exakt seinen Daumen. Ben jaulte auf. Schnäuzelchen, der Pudel von nebenan, jaulte mit.

„Das müssen wir sofort kühlen", meinte Jakob fürsorglich, konnte sich aber ein Schmunzeln nicht verkneifen. Und er winkte Ben, ihm in die Küche zu folgen.

„Das ist nicht so schlimm", wehrte der ab. Ihm war es ein wenig peinlich, dass er sich so ungeschickt angestellt hatte.

Jakob holte ein Päckchen tiefgefrorenes Gemüse aus dem Eisfach.

„Hier, wenn Sie das drauflegen, wirkt das Wunder."

„Wieso Gemüse?", fragte Ben erstaunt.

„Das Gemüse ist dabei egal. Hauptsache, es ist kalt."

Jakob nahm ein Küchenhandtuch und fixierte damit das Gemüse an Bens Hand.

„Und das mit dem Nageln, dass lassen wir lieber. Schauen Sie doch einfach zu. Herr Professor, nichts für ungut, aber ich glaube, Sie haben zwei linke Hände."

Ben nickte. „Das hat meine Mutter auch schon zu mir gesagt." Er blickte an sich herab und sah ganz deutlich eine linke Hand und eine rechte. Und dann verfolgte er die weiteren Hüttenbauarbeiten von einem Gartenstuhl aus.

„Und Sie sind also auf der Suche nach der perfekten Erziehung?", fragte Jakob mit fester Stimme. „Ich fürchte, da werden Sie bei uns keine erleuchtenden Erkenntnisse haben", lachte er. „Mein Gott, wenn ich dran denke, was ich mich früher oft über meinen Vater geärgert habe. Wenn man selber in der Rolle ist, versteht man vieles besser. Und da habe ich mit meinen Jungs ja noch Glück. Ich hatte es als Kind faustdick hinter den Ohren, habe meine Eltern ganz schön provoziert, vor allem meinen Vater. Der war Sozialarbeiter."

Und als wollte er seine Aussage unterstreichen, klopfte er mit mächtigen Hammerschlägen das nächste Brett fest. Ben zuckte bei jedem Schlag ein wenig zusammen.

„Und was haben Sie so gemacht, um ihn zu provozieren?" Ben war neugierig.

99

Jakob hielt einen Moment inne. Er dachte nach. Ein schelmisches Lächeln flog über sein Gesicht.

„Herr Professor, das bleibt aber unter uns!"

„Ehrenwort!"

Ben wollte ihm zur Bekräftigung seine Hand reichen. Aber angesichts des tropfenden Gemüsepaketes um seinen Daumen verzichtete er darauf. Er schaute Jakob gespannt an. In dessen blitzenden Augen konnte er lesen, dass er sich an eine besondere Situation erinnerte.

Ich habe die Puppe meiner Schwester gebraten.

Jakob

„Sie haben was gebraten?", fragte Ben ungläubig. „Die Puppe Ihrer Schwester?"

„Ja. Das klappte erstaunlich gut", stellte Jakob fest. „Also, es war nicht ihre Lieblingspuppe, es war eine alte Stoffpuppe, ziemlich zerfleddert. Ich glaube, meine Mutter hatte als Kind schon damit gespielt."

„Und was hat Ihre Schwester dazu gesagt?"

„Die war damals schon in der Pubertät und meinte nur, ich hätte eine Klatsche. Die Puppe interessierte sie eigentlich gar nicht mehr. Dafür war mein Vater total fertig."

„Und die Puppe haben Sie wirklich gebraten?" Ben konnte es immer noch nicht glauben.

„Ja. Ich habe die Glieder abgetrennt, die Puppe zerteilt und sie dann in die Pfanne gelegt. Als sie anfing zu rösten, roch es ein bisschen merkwürdig. Da tauchte mein Vater auf. Der schrie gleich rum." Jakob Schindelbeck äffte seinen brüllenden Vater nach. „Was machst du denn hier? Spinnst du?"

„Na ja, ich hätte mich wahrscheinlich auch erschreckt", überlegte Ben.

„Klar", stimmte Jakob Schindelbeck zu. „Aber ich war damals so sauer, dass ich meinem Vater gar nicht den wahren Grund für die Aktion erzählt, sondern noch eins draufgesetzt habe. Ich habe ihm nämlich gesagt, dass ich am Tag davor mit Freunden einen Zombiefilm gesehen hätte. Und in dem wäre das auch vorgekommen."

„Und das war für Ihren Vater wahrscheinlich ein noch größerer Schock."

„Aber klar! Das war so etwas wie ein pädagogischer Super-GAU. Weil er immer darauf geachtet hat, dass wir mit so etwas nicht in Berührung kamen."

„Und warum haben Sie die Puppe wirklich gebraten?"

„Eigentlich war da auch mein Vater dran schuld. An dem Wochenende vorher hatte er mich mitgenommen zum Angeln. Das fand ich klasse. Und ich war superstolz, als ich wirklich auch Fische gefangen hatte. Aber ich durfte sie nicht töten. ‚Weg! Du quälst sie nur!‘, motzte mein Alter rum. Ich durfte nur zusehen. Na ja, da habe ich mir eben was anderes gesucht, mit dem ich üben konnte, wie man tötet, schlachtet und kocht. Bei so einem pädagogischen Guru musste man schon kreativ sein."

Inzwischen war das halbe Dach auf der Hütte und Bens „Daumenkissengemüse" aufgetaut.

Ben Benningsen entfernte das Kühlpaket, ließ es auf den Rasen fallen und inspizierte seinen Daumen.

„Und, Herr Benningsen? Tut es noch weh?", erkundigte sich Jakob Schindelbeck.

Ben bewegte den geröteten Daumen. Er schüttelte den Kopf. „Wirklich ein guter Tipp mit dem Tiefkühlgemüse."

„Mit einem gefrorenen Putenschnitzel geht es auch. Oder Pommes. Hauptsache kühl."

Jannis, mit seinen drei Jahren der Jüngste der Familie, kam in den Garten gelaufen. Schon von weitem rief er freudig: „Papa, Papa, wir haben Hamburger geholt!"

Jakob warf Ben einen erstaunten Blick zu. „Au, wenn es Hamburger gibt, dann hatte meine Frau Stress. So was ist immer die Notlösung." Dann wandte er sich seinem Sohn zu. „Na, mein Großer!", begrüßte er ihn mit geöffneten Armen. Jannis lief auf seinen Vater zu und ließ sich von ihm durch die Luft wirbeln. „Na, was sagst du zur Hütte?"

Jannis begutachtete sie, und an Jakobs erwartungsvollem Blick konnte Ben sehen, dass der Vater auf ein ausgiebiges Kompliment hoffte. Aber Jannis' Freudenausbruch fiel eher knapp aus. „Cool", sagte er nur. Doch sein Vater wusste: Das war ein verdammt großes Kompliment.

Jetzt kam auch Jakobs Frau Monika dazu. Als sie Ben begrüßte, entschuldigte sie sich.

„Herr Professor, es tut mir wirklich leid. Ich hatte vor, heute Abend etwas richtig Schönes zu kochen. Aber dann haben Jannis und Leon beim Einkaufen mal wieder so einen Terror gemacht."

„Das ist doch kein Problem", beruhigte Ben sie. „Ich esse wirklich alles."

„Na gut. Ich mach uns dann noch schön eine Portion Gemüse dazu", schlug Monika fröhlich vor. „Das ist schon fertig. Ich habe da extra noch etwas tiefgefroren. Ich muss es nur noch auftauen."

Ben und Jakob schauten erst einander an, dann das matschige Päckchen auf dem Rasen.

„Aufgetaut ist es wohl schon", stellte Ben etwas kleinlaut fest.

„Eine Gemüsematschbombe!", freute sich Jannis und testete gleich mal die Flugtauglichkeit.

Entgeistert blickte Monika ihren Mann an.

„Herr Benningsen hat sich auf den Daumen gehauen", erklärte der.

Und Ben zeigte seinen Daumen, der inzwischen auch schon etwas angeschwollen war.

„Ich habe zwei linke Hände", entschuldigte er sich.

„Aber Jakob!" Monika sah ihren Mann vorwurfsvoll an. „Für so was habe ich doch extra immer ein Kühlkissen im Eisfach! Das weißt du doch. Das schöne Gemüse!"

Jakob legte tröstend den Arm um seine Frau.

Da traf ihn Jannis' Gemüsebombe.

„Spinnst du!", rief er laut.

„Jetzt gib bitte nicht dem Jungen die Schuld", mahnte ihn Monika. „Er hat das Gemüse nicht zweckentfremdet." Ihre Augen funkelten. „Er nicht."

Ben blickte betroffen auf seinen dicken Daumen. Er fühlte sich richtig schuldig.

Jakob hob das Gemüsepäckchen auf und meinte scherzend: „Auf jeden Fall ist es jetzt schön püriert. Und eigentlich wollten wir doch sowieso Feuer machen und Stockbrot braten."

Monika runzelte die Stirn. „Ich dachte, das war ein Scherz! Außerdem habe ich jetzt ja auch etwas anderes mitgebracht."

„Aber Leon hatte sich so darauf gefreut. Wo steckt der eigentlich?" Und er rief in Richtung Haus: „Leon!"

Leon erschien an der Terrassentür, drückte sich am Rahmen herum, kam aber nicht heraus.

„Was hat er denn?", erkundigte sich Ben.

„Ach, der ist beleidigt, weil ich sauer auf ihn bin. Was muss er Jannis aber auch immer so triezen."

Obwohl Monika nicht laut gesprochen hatte, hatte Leon ihre Worte genau gehört.

„Stimmt gar nicht! Stimmt gar nicht!", rief er verärgert und verschwand wieder im Haus.

„Leon, jetzt komm schon, sei nicht beleidigt wie eine Memme!", rief ihm sein Vater hinterher.

Monika wollte die Situation glätten. Sie lächelte Ben entschuldigend an.

„Ja, da bekommen Sie gleich den richtigen Eindruck von uns!" Jannis zupfte seine Mutter am Ärmel.

„Essen wir jetzt Hamburger?", wollte er wissen.

Kurze Zeit später saßen alle am Tisch, auch Leon. Und Monika eröffnete das Mahl mit den Worten: „So, jetzt zeigen wir dem Professor mal, dass wir ganz vernünftig essen können."

„Schatz, doch nicht bei Hamburgern", flüsterte Jakob ihr zu.

„Aber wo wir heute Besuch haben, da wollen wir mal nicht so rumschmieren." Monika schaute ihren Jungs bittend in die Augen, schien sie geradezu hypnotisieren zu wollen.

Also ich fänd's schön, wenn wir es heute schaffen, ganz ordentlich zu essen.

Monika

Jannis setzte seine Unschuldsmiene auf. Und Leon beschwerte sich: „Ich sau gar nicht rum. Jannis fängt immer an."

„Das ist jetzt egal", meinte ihr Vater. „Ihr habt gehört, was Mutti gesagt hat. Dann tun wir ihr doch den Gefallen. Wir wollen uns vor Herrn Benningsen doch nicht blamieren."

Ben lächelte verständnisvoll. „Keine Angst, ich bin kein Erziehungsrichter, und Punkte vergebe ich auch nicht."

„Aber Sie vergeben doch den Erziehungs-Oscar, oder?", fragte Monika.

„Na ja ... ", wehrte Ben ab. „Das sollte man alles nicht so ernst nehmen."

Er hatte langsam selber Hunger und überlegte schon, wie er den Hamburger wohl am besten mit Messer und Gabel essen sollte.

Da schnappte sich Jannis die Ketchupflasche und spritzte feixend zu Leon rüber.

„Hey! Spinnst du!", schimpfte Leon und bewarf seinen Bruder mit Pommes frites.

„Jannis, Leon!", ging die Mutter dazwischen. „Bitte hört auf! Das find ich jetzt aber nicht nett von euch!"

„Jannis hat angefangen!", verteidigte sich Leon.

„Ja und! Dann könntest *du* wenigstens vernünftig sein. Du bist doch der Ältere", ermahnte Monika ihren Sohn. Dann wandte sie sich an Ben: „Da sehen Sie es, Herr Benningsen, so geht das andauernd. Was macht man da nur?"

Ehe Ben antworten konnte, blickte Monika ratlos seufzend ihren Mann an. Der zuckte nur mit den Schultern.

Da erkundigte sich Ben mit einem Mal ganz unschuldig: „Aber wie ging das eigentlich noch mal … ich meine, das vernünftige Essen?"

Fragende Gesichter wandten sich ihm zu. Und als Ben Benningsen jetzt zu essen begann, trauten alle ihren Augen nicht. Ben stellte sich an wie ein Baby, das Essen fiel ihm von der Gabel, landete auf seiner Hose. Keinen einzigen Bissen bekam er in den Mund. Jakob und Monika, vor allem aber ihre beiden Jungs, beobachteten Bens seltsame Essversuche mit einer Mischung aus Irritation, Neugier und Nachdenklichkeit.

„Ich kann das nicht mehr", stellte Ben mit gespielter Verzweiflung fest. „Ich hab's vergessen! Verdammt, ich hab vergessen, wie das richtig geht."

Und er hielt seine Gabel äußerst ungeschickt.

Da stand Leon auf, ging zur Kommode, holte ein sauberes Lätzchen und band es Ben um. „So!", sagte er. „Damit du dein Hemd nicht bekleckerst." Dann stellte er sich neben ihn, nahm seine Gabel und führte sie ordnungsgemäß zum Mund. „Schau! So musst du das machen!"

Ben folgte ihm brav und machte es Leon stümperhaft nach. Leon korrigierte ihn mit großer Behutsamkeit und Jannis unterstützte ihn dabei. Als er sich wieder „zu blöd" anstellte, erklärte Leon mit großer Ernsthaftigkeit: „So! Jetzt pass mal schön auf! Wenn ich das kann, kannst du das auch!"

Dann ging er wieder an seinen Platz und erklärte seinem Bruder seufzend: „Wir müssen ihm das vormachen. Sonst lernt er das nie!"

„In Ordnung", willigte Jannis ein.

Leon und Jannis aßen nun vorbildlich, ohne auch nur ein bisschen herumzuschmieren. Und Ben machte es ihnen nach. Hin und wieder warfen die beiden einen kontrollierenden Blick auf ihn. Aber sie waren zufrieden. Ihr Schüler lernte schnell.

Ben fiel auf, dass dies seine erste pädagogische Glanzleistung in diesem Projekt gewesen war. Bis jetzt hatte er sich eigentlich eher rat- und hilflos gefühlt. Jetzt endlich hatte er mal gezeigt, was er konnte. Ein gutes Gefühl!

Nach dem Essen wollte Monika die Gelegenheit nutzen und ein paar Sätze alleine mit Ben sprechen. Sie schlug vor, die beiden Jungs sollten ihrem Vater helfen, die Hütte fertig zu bauen.

Jakob seufzte und sah seine Frau vorwurfsvoll an.

„Du weißt doch, dass das nur Streit gibt, Monika. Jannis will dann wieder genauso viel machen wie Leon und wird wütend, wenn er es nicht schafft." Er ging zu seinem Ältesten und klopfte ihm kumpelhaft auf die Schulter. „Jetzt zeig mal, dass wir stolz auf dich sein können und du schon groß bist. Spiel ein bisschen mit Jannis. Wenn die Hütte fertig ist, hol ich euch."

Leon verdrehte genervt die Augen. „Mann! Nie darf ich was alleine machen! Immer muss ich auf den Blödi aufpassen!"

„Ich bin kein Blödi!", schrie Jannis ihn an und boxte seinen Bruder.

Kurzerhand schnappte sich Monika die beiden und schleppte sie ins Nebenzimmer.

„So! Jetzt mag ich nicht mehr. Ihr beide verschwindet jetzt hier ins Kinderzimmer und spielt!"

Jakob winkte Ben nur kurz zu. „Ich bin dann mal draußen!", erklärte er und verschwand in den Garten.

Während Monika ihre Jungs noch ermahnte, machte sich Ben nützlich und räumte den Tisch ab. Fix und fertig ließ Monika sich kurz darauf ins Sofa fallen.

„So geht das jeden Tag! Jeeeden Tag!", seufzte sie.

Ja, Kinder sind ein Geschenk. Aber manchmal ist das Leben mit ihnen ein Albtraum!

Monika

Kaum hatte sie es gesagt, fuhr sie sich erschrocken mit der Hand zum Mund, als wolle sie die Worte zurückholen. „Bin ich eine Rabenmutter, wenn ich so denke?"

Ben setzte sich zu ihr. „Nein", tröstete er. „Jeder, der Kinder hat, kennt solche Gedanken."

„Sie etwa auch?"

Ben stockte. Sein schlechtes Gewissen meldete sich wieder, weil er der ganzen Welt etwas vormachte. Im Allgemeinen konnte er damit gut umgehen: so zu tun, als ob zu Hause Frau und Kinder auf ihn warteten – und dabei war es in Wirklichkeit nur eine Yucca-Palme, die Ben mit schöner Regelmäßigkeit zu gießen vergaß. Aber zum Glück sind Yucca-Palmen robust. Ben war das in Hinblick auf sein Doppelleben meist auch. Nur wenn die Gespräche so persönlich wurden, dann kam er sich irgendwie schäbig vor.

Aber er entschied, dass dies nicht der Moment war, mit einer Lebensbeichte zu beginnen. Also antwortete er: „Solche Gedanken sind wirklich ganz normal. Machen Sie sich keine Sorgen."

„Wissen Sie, ich habe dann immer ein schlechtes Gewissen, weil ich nicht ganz für die Kinder da bin. Ich arbeite nebenbei in einem Callcenter. Sonst würden wir einfach nicht hinkommen. Das Haus ist noch nicht abbezahlt. Alles ist so teuer …"

„Nur weil Sie arbeiten, sind Sie doch keine schlechte Mutter! Es gibt ganz viele, die das tun. Wichtig ist, dass Sie sich deswegen eben kein schlechtes Gewissen machen. Das spüren Ihre Jungs nämlich."

Monika nickte und dachte an die vielen Situationen, wenn sie konsequent sein wollte und dann doch klein beigegeben hatte, um ihr schlechtes Gewissen zu beruhigen.

Ganz schlimm ist es ja im Supermarkt.

Monika

„Wenn sich Jannis und Leon da nicht benehmen, dann habe ich immer das Gefühl, alle starren mich mitleidig an und halten mich für eine Versagerin. Heute war das auch wieder so …"

Sie wollte weitererzählen, doch dann hielt sie plötzlich inne.

„Aber Professor Benningsen, dieser Kleinkram interessiert Sie bestimmt nicht."

Ben lachte. „Gerade der Kleinkram! Außerdem ist Zuhören ja sozusagen mein Beruf."

„Also ich will ja nicht nur über meine beiden herziehen. Sie können auch ganz lieb sein. Da geht einem das Herz auf. Aber sobald wir den Parkplatz des Supermarkts ansteuern, verwandeln sie sich in zwei Ungeheuer."

„Das heißt, sie fangen an zu toben?", wollte Ben wissen.

„Nein, meistens steigert sich das langsam, aber sicher. Kaum sind wir da, rennt Leon zu den Einkaufswagen, um einen zu holen. Jannis läuft hinterher, will den Wagen mitschieben. Das passt Leon aber nicht. Er stößt seinen Bruder weg. Und schon geht die Schreierei los und das Gerangel! Ich geh dazwischen, schnappe mir Jannis, setze ihn in den Einkaufswagen, nehme Leon an der Hand und will, dass er anständig neben mir hergeht. Der denkt aber gar nicht dran! Er tritt um sich, zerrt und schreit so laut, dass es bis in die hinterste Ecke zu hören ist: ‚Lass mich endlich los!'"

„Und haben Sie ihn losgelassen?", erkundigte sich Ben.

„Nein. Ich hatte Angst, dass er aus Trotz ausbüxt. Und Jannis will dann natürlich auch nicht sitzen bleiben. Er versucht aus dem Wagen zu klettern, ich drücke ihn zurück. ‚Du tust mir weh! Aua! Aua!', weint er und brüllt so laut, als ob man ihn umbringen wollte."

Ben nickte mitfühlend.

„Und Sie haben wahrscheinlich mittlerweile auch ein paar Zuschauer."

„Ja sicher. Sie hätten mal sehen sollen, wie die mich angeschaut haben. Keiner hat ein Wort gesagt, aber ihre Gesichter sprachen Bände!"

„Und was haben die Ihrer Meinung nach gedacht?"

Monika Schindelbeck ging nun richtig aus sich heraus und machte einzelne Kunden nach. „Einige waren vergnügt, dachten wohl: ‚Spannender als fernsehen!' Andere blieben neugierig stehen, fragten sich, wie das wohl weitergeht. Dann gab es die, die kopfschüttelnd vorbeigingen, so nach dem Motto: ‚Völlig überfordert!'. Wieder anderen war die Erleichterung anzumerken: ‚Gut, dass ich keine kleinen Kinder habe!' Und ganz schlimm sind ja die intoleranten Besserwisser. Die gehen an dir vorbei und murmeln in deine Richtung: ‚Links und rechts was an die Backen! Dann sind sie still!'"

Ben lachte auf. Ja, solche kannte er auch.

„Sie lachen!", beschwerte sich Monika. „Aber mir war wirklich nicht zum Lachen zumute. Mir wurde heiß, als ich die ganzen Blicke gespürt habe. Ich wurde immer hektischer und ratloser. Je mehr ich an die anderen Leute dachte, umso mehr verlor ich die Kontrolle über die Kinder. Prompt fing Jannis an zu weinen."

„Verstehe. Die Wasserkraft-Methode. Immer wieder ein beliebtes Mittel."

Jetzt musste Monika auch schmunzeln. „Ja, mit weinerlich trotziger Stimme quengelt er: ‚Ich will aber raus.‘ Und das tut er so lange, bis ich dermaßen genervt bin, dass ich ihn doch heraushebe. Ich ermahn ihn noch: ‚Aber nicht rumtoben, hörst du!‘ Aber Jannis hört natürlich nicht.“

„Das hätte mich jetzt auch gewundert“, warf Ben ein.

Monika Schindelbeck nickte. „Kaum steht er mit beiden Beinen auf der Erde, reißt er sich los, verschwindet hinter einem Regal – und Leon hinterher. ‚Ihr könnt mir helfen!‘, rufe ich den beiden zu. Wissen Sie, Herr Professor, damit habe ich gute Erfahrungen gemacht. Wenn ich sie ablenke, sind sie ruhiger.“

Ben nickte verständnisvoll.

„Also packe ich schnell ein paar Lebensmittel ein. Da ertönt jenseits der Regale ein Riesengeschrei. Leon und Jannis streiten sich um Tüten, zanken darüber, wer welche und wie viele nimmt. Sie zerren, sie stoßen, sie schubsen sich – bis Jannis rücklings in einen hohen Stapel mit Chips, Salzstangen und anderem Knabbergebäck fällt. Immer mehr Menschen bleiben stehen. Tüten über Tüten fallen auf Jannis. Er erschrickt und schreit. Ich reiße ihn hoch. Ich schnappe mir Leon. Ich war so wütend und so außer mir! Da ist mir die Hand ausgerutscht, und ich habe Leon ein paar Klapse auf den Po gegeben. Also ein paar leichte.“

„Stimmt gar nicht!“, rief Leon da aus dem Kinderzimmer. Und er erschien in der Tür. „Das tat richtig weh und war ganz gemein von dir!“

Monika stand auf und ging zu ihrem Sohn, strich ihm über die Haare.

„Ja, es tut Mama ja auch leid“, entschuldigte sie sich. „Aber wir haben das doch schon so oft besprochen, dass ich mir wünsche, dass du ein bisschen auf deinen Bruder mit aufpasst. Du bist doch schon vernünftig!“

„Manno! Immer muss ich vernünftig sein!“, beschwerte sich Leon.

Monika lachte. „Ja, so ist das, wenn man der große Bruder ist. Und jetzt spielt noch schön ein bisschen weiter, ja? Mami will eben noch etwas mit Herrn Benningsen besprechen."

Murrend verschwand Leon wieder im Kinderzimmer, und Monika ging zurück zur Couch.

„Wo war ich stehen geblieben?"

„Bei dem Klaps."

„Au ja. Am liebsten hätte ich das natürlich sofort rückgängig gemacht. Aber das ging ja nun nicht mehr. Und natürlich fing Leon jetzt auch an zu weinen. Dafür war Jannis wieder obenauf. Er befreite sich aus seiner misslichen Lage, rappelte sich hoch, lief auf seinen Bruder zu, trat ihm voll gegen das Schienbein – und grinste!"

„Und was haben Sie da gemacht?", erkundigte sich Ben.

„Ich habe mit Jannis geschimpft und ihn zur Seite gezogen. Da brüllt er ‚Aua! Aua! Mama, du tust mir weh!' und zappelt an meiner Hand. Aber ich lasse ihn nicht los, weil ich Angst habe, er stellt wieder Blödsinn an. Da faucht mich eine Frau an: ‚Nun seien Sie doch nicht so grob!' Ich kannte die gar nicht!" Monika Schindelbeck bekam fast keine Luft mehr. „Am liebsten hätte ich der auf der Stelle eine gescheuert, so wütend war ich."

„Das kann ich verstehen. Und haben Sie ihr die Meinung gesagt?"

„Dazu kam ich nicht. Denn in dem Augenblick reißt Jannis sich los, baut sich vor der Frau auf und streckt ihr die Zunge heraus."

Jetzt kam Jannis angelaufen und demonstrierte noch einmal, wie er seine Mutter unterstützt hatte.

„So hab ich gemacht!", verkündete er stolz und streckte seine Zunge raus.

„Ja, du Racker!", lachte Monika. „Aber danach habt ihr mir dann beide lieb geholfen, den Wagen zu schieben."

„Mhmhm", nickte Jannis.

Jetzt kam Leon auch dazu und mischte sich ein. „Ich habe aber mehr geschoben als Jannis."

„Gar nicht!"

„Hab ich wohl!"

„Jetzt fangt doch nicht schon wieder an zu streiten", seufzte ihre Mutter. „Wir sind doch hier nicht im Supermarkt."

„Zum Glück. Da bist du nämlich immer ganz komisch", stellte Leon fest.

„Ja, ja, ihr seid auch komisch! Und jetzt lasst mich noch fünf Minuten mit Herrn Benningsen reden. Ihr könnt ja schon mal überlegen, was ihr dann mit ins Gartenhaus nehmt!"

Beide rannten so schnell in ihr Zimmer, als hätten sie Angst, der andere könne ihnen was vor der Nase wegschnappen.

Monika Schindelbeck schaute ihnen lächelnd nach. „Ja, so sind sie, die Kröten!", stellte sie fest. „Nerven einen bis aufs Blut. Und dann sagen sie noch, man ist komisch!"

„Na ja, eigentlich bringt Ihr Sohn die Sache damit ganz gut auf den Punkt", bemerkte Ben.

Monika schaute ihn irritiert an. „Wie meinen Sie das denn? Herr Benningsen, auf welcher Seite stehen Sie denn?"

„Auf gar keiner. Ich stelle nur fest."

„Und was?"

„Na ja …", begann Ben zu erklären.

Kinder haben ein sehr feines Gespür für die Unsicherheiten ihrer Eltern.

Ben Benningsen

„Und was soll das heißen?", erkundigte sich Monika verwirrt.

„Na ja, sie spüren: Mama und Papa würden anders handeln, wenn wir mit ihnen alleine wären", erklärte Ben. „Sie haben das Gefühl, die anderen, das heißt die Zuschauer, sind wichtiger als sie, wenn sie mitbekommen, wie beispielsweise ihre Mama davon beeinflusst wird, was Umstehende erwarten."

„Aber warum können sie sich dann nicht einfach ein bisschen kooperativ verhalten? Ich versuche so oft, meinen beiden zu erklären, dass man sich in der Öffentlichkeit benehmen muss."
„Kinder richten sich nach Gefühlen, nicht nach Argumenten. Und wenn sie das Gefühl haben, wildfremden Menschen schenkt ihre Mama mehr Aufmerksamkeit als ihnen, dann überschreiten sie so lange Grenzen, bis ihnen Aufmerksamkeit gewiss ist."
„Aber sie spüren doch auch, dass ich mich unwohl fühle", Monikas Stimme klang ein wenig verzweifelt.

Ich will doch nur alles richtig machen.

Monika

„Richtig. Aber für wen?", fragte Ben.
Monika Schindelbeck dachte nach …
„Was ist das Schlimmste, das Sie sich in solch einer Situation ausmalen könnten?", wollte Ben wissen.
„Dass alle schlecht über mich reden!"
„Alle? Der ganze Ort?"
Sie grinste. „Na, schon viele!"
„Gibt's noch schlimmere Bilder?", fragte Ben.
Monika überlegte. Ihre Augen wanderten hin und her, dann lachte sie: „Manchmal denk ich mir, die warten im Supermarkt schon auf mich. Ja, die kaufen nur noch ein, weil ich komme. Ich bin besser als die komischen Sendungen im Fernsehen, wo nur geschrien wird. Wenn ich mir das vorstelle …!" Sie hielt die Hände vors Gesicht.
„Stellen Sie es sich doch mal vor!", ermunterte Ben und malte das Bild noch weiter aus. „Tausende von Menschen stehen auf dem Parkplatz vom Supermarkt, in der Stadt hängen Plakate: Am Freitag versucht Frau Schindelbeck ihre Kinder zu erziehen. Eintritt kostenlos. Chaos garantiert."

„Wahnsinn!", murmelte Monika. „Einfach Wahnsinn!" Sie wurde still, wirkte nachdenklich, ihr Blick ging nach innen. Und schmunzelnd meinte sie: „Ich sehe alles ganz deutlich vor mir!"
Jakob Schindelbeck kam dazu. „So! Fertig!", verkündete er stolz. „Jetzt sollten wir uns beeilen. Ich glaub, es gibt bald ein Gewitter. Aber die Hütte ist bezugsfertig!"
„Wie schön, Schatz!", lobte ihn seine Frau. „Da werden sich unsere beiden aber freuen."
In dem Augenblick kam Leon herein und warf seinen Eltern Papierschnitzel vor die Füße. „Da!", rief er.
„Was ist das?", fragte sein Vater ruhig.
„Die Fotos von Jannis", antwortete Leon kühl.
Seine Mutter war schockiert. „Du hast sie zerrissen? Warum?"
„Darum!"
„Leon, spinn jetzt nicht rum!", mahnte sein Vater.
„Jetzt erklär doch mal, was los ist", forderte ihn seine Mutter auf.

Ich hasse ihn.

Leon

Leon stellte das mit ganz ruhiger Stimme fest.
„Wie bitte?"
„Ich hasse ihn! Ich hasse ihn!" Leons Stimme wurde schrill. Dann weinte er leise in sich hinein.
Und an der Tür des Kinderzimmers erschien Jannis. Er weinte ebenfalls: „Leon gemein! Hat alle Bilder putt gemacht."
Monika ging auf ihn zu, nahm ihren Jüngsten auf den Arm und tröstete ihn.
Jakob Schindelbeck wollte Leon zu sich ziehen. Aber der stieß ihn weg. „Lass mich!"
„Aber Leon! Was ist denn plötzlich los mit dir?", erkundigte sich der Vater besorgt und blickte seinen Sohn liebevoll an.

„Der soll verschwinden", erklärte Leon trotzig. „Ich will, dass wir Jannis abgeben."

„Das geht nicht."

„Doch. Der war ja früher auch nicht da!"

Und da verlor Jakob Schindelbeck die Fassung. Seine Stimme überschlug sich: „Sag mal, spinnst du denn völlig? Ab mit dir in dein Zimmer!"

Leon drehte sich um und ging wortlos an seiner Mutter vorbei in sein Zimmer.

„Willst du dich denn nicht wenigstens bei Jannis entschuldigen?", fragte ihn Monika.

„Nein!", schnauzte Leon und verschwand.

„Leon is so gemein!", schluchzte Jannis.

„Ja, mein Schatz!", tröstete ihn Monika und gab ihm einen Kuss auf die Stirn. Dann kam sie zu ihrem Mann und schaute Ben irritiert an. „Schauen Sie sich die Schnipsel an, Herr Benningsen. Diese Gewalt! Dieser symbolische Brudermord!" Sie schüttelte den Kopf. „Wo soll das enden?"

Und dabei haben wir nur das Beste gewollt!

Monika

„Was meinen Sie mit dem symbolischen Brudermord?", fragte Ben nach.

Jakob gab ihm die Papierschnitzel. „Das sind Kopien von Ultraschallbildern von Jannis."

„Ultraschallbilder?" Ungläubig untersuchte Ben die Schnipsel.

„Als sich ein Geschwisterchen anmeldete, wollten wir nichts falsch machen", erklärte Monika Schindelbeck. „Deswegen haben wir es Leon bald gesagt."

„Er sollte nicht eifersüchtig sein", ergänzte ihr Mann. „Wir wollten so offen wie möglich mit der neuen Situation umgehen."

Monika nickte. „Wir haben ihm gleich die ersten Ultraschall-aufnahmen von dem Kind gezeigt und Leon die dunklen Flecken erklärt, ihm gesagt, dass das sein Bruder ist. Das Bild haben wir dann vergrößern lassen und in der Küche aufgehängt. Leon stand immer davor, deutete darauf und freute sich: ‚Bruder! Bruder!', wiederholte er immer wieder."

„Du, Mami?", meldete sich nun Jannis zu Wort und drehte das Gesicht seiner Mutter zu sich. „Leon ist mein Bruder, ja?"

„Ja, mein Schatz", antwortete seine Mutter, strich ihm über die Haare und küsste ihn sanft. Dann schaute sie Ben wieder an. „Leon hat sich wirklich auf Jannis gefreut", fuhr sie fort. „Wir haben ihm auch die späteren Bilder alle gezeigt. Und irgendwann wollte er so eine Großaufnahme haben. Die sollte über sein Bett kommen."

„Leon war ganz stolz darauf", erinnerte sich Jakob. „Immer wenn Besuch kam, zeigte er als Erstes dieses Bild."

„Und als Jannis auf die Welt kam, war er wirklich so lieb zu sei-nem kleinen Bruder. Sooo lieb! Er ging ganz vorsichtig mit ihm um, streichelte ihn sanft, ganz so, als wolle er ihm auf keinen Fall wehtun."

„Aber anscheinend blieb das nicht so", stellte Ben fest.

„Nein, leider nicht", seufzte Monika Schindelbeck, und ihr Mann nickte. Sie blickte ihn fragend an. „Wann fing das eigentlich an mit dem ewigen Streiten?"

„Ich glaube, so in etwa, als Jannis anfing zu laufen. Da begann er auch mehr sich für Leons Spielsachen zu interessieren. Na ja, den Rest können Sie sich ja denken."

Ben nickte.

„Aber wirklich, Herr Benningsen!", bekräftigte Monika. „Sie glauben gar nicht, wie behutsam und zärtlich unser Leon am Anfang mit seinem kleinen Bruder umgegangen ist. Warum ist er plötzlich nur so grob und unsozial? Genau das Gegenteil von dem, wie wir es uns gewünscht haben!"

Ben wollte gerade antworten. Da sprang Jannis vom Schoß seiner Mutter. „Leon gemein!", rief er ganz laut, lief ins Kinderzimmer und kam gleich wieder zurück. „Leon ist weg!", stellte er erstaunt fest.

Verdutzt schauten sich die Eltern und liefen ins Kinderzimmer. Ben folgte ihnen.

„Leon? Leon?" Aber Leon war verschwunden …

Sie durchsuchten das ganze Haus, fanden aber keine Spur von dem Jungen. Panikgefühle stiegen auf. Draußen donnerte und blitzte es inzwischen. Das von Jakob angekündigte Gewitter entlud sich mit voller Kraft.

„Mein Gott, wenn er da irgendwo herumirrt? Sollen wir die Polizei rufen?", fragte die verängstigte Mutter.

Ben Benningsen legte beruhigend seine Hand auf ihren Arm.

„Ich hab da so eine Idee, wo er stecken könnte", meinte er und wollte hinausgehen.

„Ich komme mit!", erklärte Jakob Schindelbeck entschlossen.

„Vielleicht ist es besser, wenn Sie nachkommen", schlug Ben vor. Er deutete in den Garten und zur Hütte. „Ich denke, er ist wirklich nicht weit."

Die Eltern verstanden. In einer ersten Erleichterung atmeten sie auf und verfolgten nun gespannt Bens Schritte.

Ben kämpfte sich durch den Gewitterregen. Als er die Tür der Hütte öffnete, sah er Leon in der Ecke. Ben winkte den Eltern zu und gab Entwarnung. Dann ging er zu dem Jungen hinein.

„Die haben mich überhaupt nicht mehr lieb!", schluchzte er.

Ben hockte sich zu ihm und gab ihm ein Taschentuch.

„Du meinst deine Eltern?"

Leon nickte. Dicke Tränen liefen über sein Gesicht.

„Jannis darf alles. Und ich … ich …" Vor lauter Schluchzen konnte er nicht weitersprechen. Ben beendete den Satz für ihn:

„Und du musst immer vernünftig sein?", sagte er sanft.

„Die sind so gemein!"

Jetzt standen auch Vater und Mutter in der Tür.

„Aber Leon! Wir haben dich doch auch lieb!", versicherte der Vater mit warmer Stimme.

Leon schüttelte den Kopf. „Glaub ich nicht."

„Aber sicher, mein Schatz!", sagte die Mutter und setzte sich zu ihrem Sohn. Sie strich ihm über den Rücken.

„Warum musst du denn so was machen? Warum läufst du weg? Wir können doch über alles reden."

„Wenn wir reden, habt ihr immer recht. Und das ist gemein."

„Wir haben dich wirklich genauso lieb!"

Doch Leon verschränkte trotzig seine Arme. Da nahm Monika ihren Sohn in den Arm. Langsam wich Leons Spannung. Er umarmte seine Mutter ebenfalls. Beide hielten sich ganz fest. Und dann umarmte der Vater Mutter und Sohn liebevoll zusammen.

Und Ben kam zu dem Schluss:

Manchmal sagt eine Umarmung mehr als tausend Worte.

Und Ben notierte:

* Kurt Tucholsky hat doch mal so ähnlich geschrieben wie: «Geschwister-Kinder sind wie Indianer, entweder sie sind auf dem Kriegspfad. Oder sie rauchen eine Friedenspfeife!" Gibt es denn nichts dazwischen?

* Eltern wollen ihre Kinder gleich behandeln. Aber das geht nicht! Der Ältere bleibt immer der Ältere, bei dem hat man am meisten lernen müssen. Angefangen bei der Zeugung, über das Stillen, die Wahl des Kindergartens und so fort.

* Man kann Geschwisterkinder wohl nicht gleich behandeln, man muss jedem gerecht werden!

* Muss man denn wirklich immer konsequent sein? Zum Beispiel beim Essen. Natürlich müssen Kinder lernen, sich zu „benehmen" (aber was heißt das bei einem Dreijährigen — sich benehmen? Der liebt eben „Finger-Food"!).

* Könnte man nicht einen „Schweinetag" einführen (oder zwei!), wo so richtig „schweinisch" gegessen wird. Ob man den nun „Schweinetag" oder einfach „Rittertag" nennt. Ich glaube, das ist eine klasse Idee!

* Wer sich von den Bewertungen anderer abhängig macht, der blockiert sich selber, denn er schaut nur auf die anderen!

* Wer Kinder hat, der wird stadtbekannt!

* Egal, was passiert: Das Leben geht weiter.

* Man sollte zu seinen Fehlern und Schwächen stehen. Kinder lieben ihre Eltern gerade deswegen.

* Kinder reden nicht so viel. Sie spielen. Und im Spiel stecken ihre Botschaften und das, was sie uns mitteilen möchten. Ich muss Kindern mehr zuschauen, ihnen zuhören!

* Und noch ein Gedanke: Kinder drücken ihren Wunsch nach Eigenständigkeit manchmal sehr drastisch aus.

* Kinder spielen mit unserem Entsetzen.

Die Trotz-Prinzessin

Wie sich Ben Benningsen vorstellt, dass Eltern mit kindlichen Unarten und fast allen Situationen umgehen können. Man muss nur wollen und sich anstrengen.

Schon bald nach Margots Fest befand Ben sich wieder auf dem Weg zu einem Geburtstag. Aber die junge Dame, um die es sich diesmal handelte, war um einundsechzig Jahre jünger als Margot. Genauer gesagt war sie einundsechzig und ein halbes Jahr jünger. Einen halben Geburtstag zu feiern war ja eher ungewöhnlich. Aber das Geburtstagskind Gloria Görgens hatte eben ein besonderes Talent für ungewöhnliche Wünsche. Und als Einzelkind war Gloria es gewöhnt, dass alle diese Wünsche erfüllt wurden. Wie hatte Margot sie noch beschrieben:
„Eigentlich ist Gloria dreieinhalb, von der Größe her eher viereinhalb und vom Verstand her eher fünf. Aber sie kann auch wie eine Zweijährige fluchen, brüllen, beißen und kratzen."
Ben war darauf gefasst, dass ihm hier allerhand geboten wurde.

Familie Görgens lebte direkt in der Nähe des Rheins. Sie wohnten im ersten Stock eines edlen Mehrfamilienhauses. Zum Glück nicht höher, denn Ben spürte seine Waden noch von der Radtour zu den Schindelbecks.

Felicitas Görgens, Glorias Mutter, empfing Ben strahlend: „Ich hatte ja so gehofft, dass Sie auch zu uns kommen, Herr Benningsen."

„Und hier bin ich!", antwortete Ben lächelnd und betrat die erlesen eingerichtete Wohnung, die mit Girlanden und Luftballons geschmückt war. Während er sich vorsichtig umschaute, redete Felicitas weiter auf ihn ein.

„Ich habe so viele Ihrer Bücher gelesen. Und dabei hatte ich immer wieder das Gefühl, als wären Sie schon einmal hier gewesen und hätten unseren Alltag vor Augen."

Ben nickte, und ein schelmisches Blitzen war kurz in seinen Augen zu sehen. Bemerkungen dieser Art hörte er oft. Es freute und es beruhigte ihn, wenn den Leuten die Situationen in seinen Büchern bekannt vorkamen. Das gab ihm das Gefühl, auf dem richtigen Weg zu sein.

„Wo ist denn das Geburtstagskind?", wollte Ben wissen.

„Mein Mann holt sie heute vom Kindergarten ab. Er ist Filialleiter in einer Bank und macht deswegen extra eher Schluss", erklärte Felicitas Görgens. Sie machte einen leicht gehetzten Eindruck, schaute sich unschlüssig um, so als wüsste sie noch nicht genau, was sie jetzt als nächstes tun wollte.

„Gloria hatte es sich gewünscht. Sie ist ein richtiges Papa-Kind. Er liest ihr ja auch wirklich jeden Wunsch von den Augen ab."

Jetzt fiel Felicitas' Blick auf eine Girlande, die noch zusammengefaltet auf dem Tisch lag. „Genau die habe ich gesucht. Könnten Sie mir eben helfen, die anzubringen?", fragte sie Ben und nahm das bunte Papier hoch.

„Gerne", antwortete der. „Solange ich dazu keine Nägel in die Wand schlagen muss."

Ben erinnerte sich zu gut an die schmerzhafte Heimwerkererfahrung vor ein paar Tagen. Sein Daumen war immer noch dick. Aber diese Girlande sollte nur zwischen zwei Wandlampen geklemmt werden. Das war eine Aufgabe, die selbst Ben bewältigen konnte.

„Ach, Herr Benningsen, ich hoffe nur, ich habe nichts vergessen, wenn der Ansturm jetzt gleich losbricht. Ich habe extra nach einer Checkliste gearbeitet. Vielleicht haben Sie Lust, gleich mal einen Blick drauf zu werfen", schlug Glorias Mutter vor. „Auch wegen der Auswahl der Spiele. Geplant habe ich Plumpssack, Topfschlagen, Klopapierwickeln und Flaschendrehen. Und am Anfang wollte ich mit einer Begrüßungspolonaise beginnen. Denken Sie, das ist richtig so?"

„Bestimmt", beruhigte Ben sie. In Geburtstagsfragen fühlte er sich doch ein wenig überfordert. Er war nur froh, dass der Partyschmuck nun hing. Es war eine Girlande aus Buchstaben: „Happy Birthday" war dort zu lesen.

„Aber so richtig Geburtstag hat Gloria heute gar nicht, oder?", erkundigte sich Ben.

„Nein. Eigentlich ist sie ein Christkind." Die Augen von Glorias Mutter leuchteten bei dieser Feststellung. „Sie ist genau an Heiligabend geboren. Und als unser kleiner Engel jetzt die Idee hatte, ihren halben Geburtstag zu feiern, da fanden wir das auch schön. An Heiligabend kommt ein Geburtstag ja doch irgendwie zu kurz."

Das Telefon klingelte. Ehe Felicitas zum Hörer griff, schnappte sie sich noch schnell das Blatt, das neben dem Telefon lag, und gab es Ben. „Hier, das ist die Liste!", raunte sie ihm zu, dann nahm sie das Gespräch an. Iris Könner-Lühnefeldt war am Apparat.

„Felicitas, du, es tut mir leid", sagte Iris, „aber Antonia will jetzt doch nicht zu Glorias Geburtstag kommen. Sie will nicht auf einen Babygeburtstag gehen, wie sie das ausdrückte. Das verstehst du doch, oder?"

Felicitas wollte es zwar nicht verstehen. Aber Überreden half in diesem Fall auch nichts. Seufzend legte sie das Telefon wieder ab und schaute Ben erwartungsvoll an.

„Also Ihre Liste ist wirklich beeindruckend", bemerkte er. Ben hatte vierzig Unterpunkte gezählt, die thematisch in Blöcke wie „Vorbereitung", „Räumlichkeiten und Dekoration", „Verpflegung", „Spiele und Beschäftigungen", „Partyausklang" und „Einkaufsliste" unterteilt waren. Felicitas nickte stolz.

„Claudia Lühnefeldt hat mir dabei geholfen. Sie arbeitet in derselben Bank wie mein Mann und ist Glorias Patentante."

Da klingelte das Telefon schon wieder. Diesmal war es Monika Schindelbeck mit der nächsten enttäuschenden Nachricht:

„Felicitas, es tut mir so leid, aber ich muss dir für heute leider absagen, also nicht für mich, sondern für Leon. Er besteht plötzlich darauf, dass er nicht zu Mädchengeburtstagen gehen will. Und ich möchte ihn da natürlich nicht drängen. Außerdem hat er gesagt ..." Hier stockte Monika ein wenig und rückte erst auf Felicitas' intensives Drängen mit der Sprache raus.

„Außerdem hat Leon gesagt, Gloria kratzt, beißt und sei überhaupt eine doofe Zicke", fuhr sie zögernd fort.

Tut mir leid, Felicitas, aber vielleicht macht ihr doch irgendwas falsch?

Monika

Glorias Mutter atmete tief und versuchte ihre Wut herunterzuschlucken. Monika nutzte die Gelegenheit für einen Ratschlag.

„Wenn Ben Benningsen vorbeikommt, dann musst du unbedingt mit ihm darüber sprechen. Leon macht im Augenblick ja auch eine schwere Phase durch. Ich weiß nicht, ob du weißt ...?"

„Du hast es angedeutet. Aber im Moment passt es auch nicht wirklich", wollte Felicitas sie abwürgen.

„Ja, du steckst bestimmt gerade mitten in den Vorbereitungen",
stellte Monika fest.

Doch hielt sie diese Erkenntnis nicht davon ab, die ganze Geschichte sofort und ausführlich erzählen zu wollen. Erst nachdem
Felicitas knapp erklärt hatte: „Ich ruf dich morgen deswegen mal
an", verabschiedete sich Monika. Sie tat es allerdings nur wider-
willig. Felicitas atmete tief durch.

Ben hatte ihr angesehen, dass das Telefonat nicht erfreulich
gewesen war.

„Hat noch jemand abgesagt?", erkundigte er sich fürsorglich.

„Leon", erwiderte Glorias Mutter knapp.

„Topfschlagen kann man auch mit weniger Kindern spielen",
tröstete Ben. Er ahnte nicht, dass der Stachel viel tiefer saß.

„Ich platze gleich! Ich halte es nicht mehr aus!", brach es aus
Felicitas heraus.

**Verdammt noch mal, diese ganzen perfekten Mütter
um mich herum!**

Felicitas

Sie sah Ben mit einer Mischung aus Trotz und Traurigkeit an.
„Immer muss man perfekt sein, das ist einfach unerträglich!"
Sie ahmte Monika nach: „Leon hat gesagt, Gloria kratzt, beißt
und sei überhaupt eine doofe Zicke. Tut mir leid, Felicitas, aber
vielleicht macht ihr doch irgendwas falsch."
Und wieder klingelte das Telefon. Ziemlich geladen nahm
Felicitas das Gespräch an. Amelie Backes meldete sich am an-
deren Ende. „Lass mich raten!", fauchte Felicitas ins Telefon.
„Timmi kann leider nicht kommen, weil er findet, dass Gloria ein
bösartiges, bissiges, unerzogenes Monster ist!"
Am anderen Ende der Leitung war es für einen Moment still.
„Äh, nein", hörte sie Amelie zaghaft sagen.

„Timmi würde gerne kommen. Ihm geht es nur heute nicht gut. Er hat in der Nacht gespuckt."

„Ach. Schade. Na, so was passiert", erwiderte Felicitas niedergeschlagen.

Sehr ernst sah sie Ben an: „Herr Benningsen, ich muss Sie jetzt einmal etwas fragen. Und bitte, antworten Sie mir ehrlich."

Ben versprach es und nickte.

Felicitas setzte sich in einen weißen Ledersessel, atmete tief aus und fragte mit dramatischem Klang in der Stimme:

Habe ich als Mutter versagt?

Felicitas

„Aber sicher", erklärte Ben mit gespieltem Ernst. „Sie sollten jetzt auf den Platz vor dem Dom gehen und sich als die schlechteste Mutter der Welt outen. Dann werden Sie berühmt. Und haben dann wenigstens etwas von Ihrem schlechten Gewissen."

Glorias Mutter stutzte kurz. Dann musste sie lachen.

„Aber manchmal ist Gloria wirklich ein Monster", gestand sie und schüttelte den Kopf. „Und ich bin dann ganz hilflos."

„Was macht Ihre Gloria denn so als Monster?"

Felicitas dachte kurz nach. Ihr fielen so viele Situationen ein, dass sie gar nicht wusste, wo sie anfangen sollte. „Ja, das stimmt schon … mit dem Kratzen und dem Beißen. Das macht sie bei mir auch. Manchmal haut sie sogar.

Meine Mutter hat gesagt, ich soll ihr was auf die Finger geben, wenn sie haut. Oder ich soll einfach mal zurückkneifen.

Felicitas

Felicitas Görgens schüttelte energisch den Kopf: „Nein! Das wäre doch das reinste Mittelalter! Aber manchmal spüre ich schon deutlich meine Grenzen." Sie dachte nach.

„Und die wollen Sie natürlich nicht überschreiten", bemerkte Ben.

Glorias Mutter schaute ihm in die Augen. „Ganz ehrlich, manchmal bin ich fast so weit. Ich schreie dann bei der kleinsten Kleinigkeit rum und erschrecke mich über mich selbst."

Sie starrte ins Leere und schien nach den richtigen Worten zu suchen.

Manchmal denke ich, Gloria ist völlig durchgeknallt.

Felicitas

Jetzt sah sie Ben wieder fragend an. „Oder bin ich es?"
Ben schmunzelte.

Trotz lässt sich nicht vermeiden. Jedes Kind kommt ins Trotzalter, ob nun aufbrausend oder eher moderat. Das hängt weniger von den pädagogischen Fähigkeiten der Eltern als vom Temperament des Kindes ab.

Ben Benningsen

„Na ja, unsere Gloria ist schon eine ganz Wilde, sage ich Ihnen! Die hat Energie für drei!", stellte Felicitas nachdenklich fest.

„Und ich versuche wirklich alles, um Situationen zu vermeiden, die sie trotzig machen könnten."

„Da könnten Sie genauso gut versuchen, nicht mehr zu schlafen oder das Essen aufzugeben", erklärte Ben fast ein wenig amüsiert.

**Eine Situation kann jederzeit eskalieren.
Und schon ist man von Rumpelstilzchen umgeben.**

Ben Benningsen

„Was mich so fertig macht", gestand Felicitas Görgens verzweifelt, „ist, dass meine Gloria mich provoziert, wo sie nur kann.
Und wenn ich dann schimpfe, dann grinst sie mich nur an."
Ben nickte mitleidig. „Und Sie haben dann das Gefühl, eigentlich
will sie damit ausdrücken: ‚Leck mich doch!'"
Felicitas lachte erleichtert auf: „Genau! So drastisch wollte ich das
jetzt nur nicht formulieren. Aber das treibt mich in den Wahnsinn! Und dann …" Glorias Mutter hielt es jetzt nicht mehr im
Sessel, sie sprang auf, lief aufgewühlt im Wohnzimmer herum.

**Und dann benimmt sich Gloria plötzlich wieder
wie ein kleines Kind, lutscht am Daumen, will Nähe!**

Felicitas

Sie blieb stehen. „Aber stellen Sie sich vor …" Sie schaute Ben
Benningsen an. „Im nächsten Moment haut sie mir ins Gesicht.
Zack! Habe ich eine sitzen! Und Gloria lacht dazu!"
„Ja, da kommt man sich wirklich hilflos und ohnmächtig vor",
bestätigte Ben. „Aber eigentlich sind die Kinder genauso
hilflos und ohnmächtig. In diesem Alter stürmt so vieles auf sie
ein, was sie verarbeiten müssen.

**Und wenn es dem Kind zu viel wird,
zieht es sich zurück, indem es im Trotzanfall
den Bezug zur Wirklichkeit kappt.**

Ben Benningsen

Und so kann aus dem engelhaften Wesen im nächsten Moment ein kleines Monster werden."

Felicitas Görgens nickte. Das kannte sie nur zu gut. „Neulich hat Gloria das wieder gemacht", erzählte sie weiter. „Da habe ich von ihr eine Entschuldigung verlangt. Da schlägt sie doch wirklich noch mal zu, grinst und sagt: ‚Tschuldigung!'"

„Und wie haben Sie reagiert?", wollte Ben wissen.

„Ich habe sie kurzerhand in ihr Zimmer getragen, na ja, mehr gezogen als getragen. ‚Da bleibst du jetzt!', habe ich gesagt. ‚Ich will dich nicht mehr sehen!'"

„Und ist Gloria in ihrem Zimmer geblieben?"

Felicitas atmete tief durch. „Später habe ich Gloria gesehen, wie sie ihren Lieblingsteddy schlug und ihn wüst beschimpfte." Felicitas ahmte die Stimme ihrer Tochter nach: „Du brauchst gar nicht zu weinen, Schnuffl! Sei still!" Felicitas holte tief Luft: „Und einen Augenblick später, da nimmt sie Schnuffl wieder in den Arm und tröstet ihn zuckersüß und sanft: ‚Lieber Schnuffl! Armer Schnuffl!' Kurz danach schlägt sie ihn wieder." Glorias Mutter sah Ben ratlos an: „Mein Gott, Herr Benningsen, ist das normal? Oder habe ich meiner Tochter jetzt einen psychischen Schaden zugefügt?"

Ben lachte, sah Felicitas voller Verständnis an.

Vom Trotz hat jeder etwas.
Er löst bei allen Beteiligten heftige Gefühle aus.

Ben Benningsen

„Nur mein Mann kann da anscheinend besser mit umgehen."

„Wirklich?", fragte Ben nach.

Felicitas überlegte kurz. „Na ja, bei ihm ist Gloria ja auch anders. Viel sanfter. Und wenn ich ihm mein Leid klage, meint er nur: ‚Schatz, du musst schon ein bisschen konsequenter sein.'"

In diesem Augenblick hörte man, wie die Haustür aufging, und
Wolfgang Görgens rief: „Schatz, wir sind daha!"
Er hatte außer Gloria auch Claudia Lühnefeldt mitgebracht.
Felicitas empfing ihre Tochter mit geöffneten Armen: „Na,
Geburtstagskind! Geht's dir gut?"
Man brauchte Gloria nur anzuschauen, um zu erkennen, dass das
ganz und gar nicht der Fall war.
Sie hatte ihren Kopf trotzig gesenkt, die Arme vor der Brust ver-
schränkt und stand einfach nur so da. Mit ihren blonden Locken
und ihrem feinen Geburtstagskleidchen sah sie aus wie eine
beleidigte Prinzessin.
„Schau mal, die Girlande haben wir extra für dich aufgehängt",
war ihre Mutter bemüht sie aufzumuntern.
Gloria beobachtete Ben misstrauisch aus dem Augenwinkel.
„Na, Gloria, alles klar?", fragte der locker.
„Nö!" Das war alles, was sie sagte. Aber die Art und Weise, wie
sie es sagte, machte klar, vor ihnen stand ein Vulkan, der jeden
Augenblick auszubrechen drohte.
„Kannst du denn lesen, was da steht?", erkundigte sich ihr Vater.
„Nö", raunzte Gloria wieder.
Wolfgang Görgens blieb sanft, aber beharrlich. „Aber die beiden
Worte kennst du doch schon."
„Nö." Glorias Augen funkelten gefährlich.
Ihre Mutter startete einen neuen Versuch, ihre Tochter zugäng-
licher zu stimmen. „Schatz, erinnerst du dich an Tante Margots
Geburtstag? Weißt du noch, was du da gesungen hast? ‚Happy
birthday, du Kuh!'" Und dann lachte Felicitas in der Hoffnung,
Gloria würde auch lachen. Aber weit gefehlt.
„Ich bin keine Kuh!", blaffte sie.
Jetzt mischte sich Claudia Lühnefeldt ein. Sie ging vor Gloria in
die Knie, nahm sie sanft an den Armen und erklärte: „Natürlich
bist du keine Kuh. Du bist doch heute das Geburtstagskind. Und
habt ihr denn schon schön gefeiert im Kindergarten?"

„Nö. Die sind alle doof!"

„Aber warum denn das?"

„Weil, weil die alle draußen spielen und klettern und so. Und die kleckern mit Matsch. Und ich kann nur basteln und singen." Wütend zog sie an ihrem „Prinzessinnenkleid".

Das blöde Kleid is schuld.

Gloria

„Aber Schatz, du wolltest es doch unbedingt anziehen heute", erinnerte Felicitas.

„Gar nicht wahr! Du bist genauso doof!", brüllte Gloria ihre Mutter an und stampfte mit dem Fuß auf. Dann rannte sie in ihr Zimmer.

Felicitas blickte ihren Mann unglücklich an.

„Du hast doch mitbekommen, was für einen Terz sie heute Morgen gemacht hat."

Sie wandte sich an Ben. „Ich hatte ihr Jeans und Pullover hingelegt. Aber sie wollte unbedingt dieses Rüschenkleid anziehen! Ich konnte es ihr nicht ausreden."

„Das ist doch gut so", meinte Ben. „Gloria hat jetzt selber gespürt, was sie sich damit eingebrockt hat. Ich wette, morgen ist sie mit Jeans und Pullover wieder einverstanden."

„Und ich habe eine Idee, wie wir sie jetzt aus der Reserve locken." Claudia Lühnefeldt hielt ihr bunt eingepacktes Geschenk hoch und ging auf Glorias Zimmer zu.

„Gloria, ich habe dir was mitgebracht!", rief sie ins Zimmer hinein. Der Lockruf wirkte. Gloria kam sofort heraus, griff sich das Geschenk.

„Schatz, wollen wir es nicht mitnehmen zu den anderen Geschenken und dann eine richtige Bescherung machen?", schlug ihre Mutter vor.

Gloria schüttelte den Kopf und riss das Paket ungeduldig auf.
Eine Barbiepuppe kam zum Vorschein mit langen blonden
Haaren und … einem Prinzessinnenkleid.
„Eine Prinzessin für die Prinzessin!", erklärte Claudia lächelnd.
Wortlos verschwand Gloria mit der Puppe in ihrem Zimmer.
„Gloria, mein Engel, was sagt man denn da?", ermahnte sie ihr
Vater gutmütig. „Wie heißt unser Zauberwort?"
„Danke!", brüllte Gloria genervt aus dem Zimmer.
Alle schauten sich lächelnd an. Immerhin hatte sie „Danke"
gesagt. Wenn der Ton auch noch nicht ganz passend war. Es war
ein Anfang.
Da klingelte es an der Tür. Ben stand am nächsten und öffnete –
und plötzlich schaute er in das erstaunte Gesicht von Jacqueline
Hausmann. Sie stand mit Malte, ihrem Jüngsten, vor der Tür.
„Äh …", mehr konnte Ben in diesem Augenblick nicht sagen, so
verblüfft war er. Jacqueline war schon schlagfertiger: „Langsam
werden Sie ja zur Plage", scherzte sie. „Kann man denn nirgends
mehr hingehen, ohne Sie zu treffen?"
„Ich bin hier zum Geburtstag eingeladen", entschuldigte er sich
unbeholfen.
Jacqueline wandte sich an Malte und deutete auf Ben. „Siehst du,
heute beißt und spuckt Gloria nicht. Dem Onkel scheint sie noch
nichts getan zu haben."
Felicitas kam dazu und bat beide herein. Aber der Junge war
nicht dazu zu bewegen, die Türschwelle zu überschreiten.
„Herr Benningsen, vielleicht schaffen Sie es ja, ihn dazu zu bewegen, hereinzukommen", schlug Jacqueline mit einem bösen
Lächeln vor. „Na los! Stellen Sie sich der Herausforderung.
Wenn Sie beim Salsatanzen schon so versagt haben, vielleicht
haben Sie ja hier mehr Glück? Oder trauen Sie sich das nicht zu?"
Ben wusste nicht so recht, was er darauf antworten sollte. Dabei
fiel ihm doch sonst auch etwas ein. Aber irgendwie verunsicherte
ihn diese Frau.

Das wird jetzt ein Gespräch unter Männern.

Ben Benningsen

Ben ging zu Malte in den Flur. Er zog die Tür ein wenig ran und setzte sich dann mit dem Kleinen auf die Treppenstufen. Für einen Moment schauten die beiden einfach so vor sich hin.

„Du hast also keine Lust, zu Glorias Geburtstag zu gehen?", begann Ben das Gespräch.

Malte zog seine Lippen nach innen, als wollte er bloß nichts sagen, und malte mit den Zeigefingerspitzen Kringel auf seine Hose.

„Gloria kann manchmal ganz schön gemein sein, stimmt's?", bemerkte Ben.

„Hmhm", Malte nickte. „Und die Puppe heute Morgen … also im Kindergarten … also, als ich die genommen hab … ich wollt die nur mal sehen."

„Aber das wollte Gloria nicht?"

Malte schüttelte den Kopf. „Die hat sie mir weggenommen … und … und … hat mich getreten und sie haut … und boxt!"

„Oh je. Hat das wehgetan?"

Malte stimmte sofort zu. „Ganz weh."

„Und hast du das deiner Mama erzählt?"

Malte schüttelte wieder den Kopf.

„Und warum nicht?"

„Paula hat sagt, ich bin schon groß. Und Große weinen nicht."

„Wer ist Paula?"

„Paula ist meine Schwester. Aber vielleicht hat sie das nur gesagt, weil Mama … also Mama hat das zu Paula sagt."

„Hmhm."

„Aber Gloria, die ist so bös. Und dann muss ich immer weinen. Und dann ist Mama traurig. Und das soll sie nicht."

„Und warum seid ihr denn jetzt gekommen?"

„Mama hat mit mir Bild gemalt für Gloria. Und weil Gloria doch allein ist."

„Hat Mama das gesagt?"

Malte presste seine Lippen zusammen und nickte bedeutungsvoll langsam.

„Und was möchtest du?"

„Wieder nach Hause."

„Soll ich mit Mama reden?"

„Aber nichts verraten."

„Keine Angst. Ich halte dicht. Indianerehrenwort."

Malte schüttelte den Kopf. „Piratenehrenwort."

„Na gut, dann gebe ich dir mein Piratenehrenwort."

Ben reichte Malte die Hand. Der schlug ein. Dann ging Ben zu den anderen zurück, Malte wartete draußen.

„Na, haben Sie ihn überzeugt?", erkundigte sich Jacqueline.

„Malte hat mich überzeugt. Er will gern wieder nach Hause gehen, und ich kann das verstehen."

„Warum?", fragte Felicitas beunruhigt nach.

„Weil Malte mein Freund ist und wir uns das Piratenehrenwort gegeben haben", erklärte Ben ernst.

„Ah ja", meinte Jacqueline nur. „Dann werde ich meinen Piraten jetzt wohl wieder mit nach Hause nehmen."

Sie legte Felicitas seufzend die Hand auf die Schulter. „Ja, schade. Aber wenn selbst der große Ben Benningsen ihn nicht überreden kann!", spottete sie schmunzelnd. „Dann soll es wohl nicht anders sein."

Als die beiden gingen, winkte Malte Ben noch einmal zu und flüsterte: „Danke!"

„So, dann zünde ich jetzt schon einmal die Geburtstagskerzen an!", verkündete Felicitas und ging voraus ins Wohnzimmer.

Claudia wollte Gloria holen und öffnete die Zimmertür.

„Gloria!", rief sie entsetzt, als sie sah, was da gerade ablief. Ben und Glorias Vater eilten besorgt herbei.

Böse Puppe! Böse! Du Miststück!

Gloria

Gloria schimpfte aus Leibeskräften. Mit der einen Hand drückte sie den Hals der Barbiepuppe zu, mit der anderen zog sie die Puppe an den Haaren. Es war erstaunlich, dass sie nicht alle ausrissen. Dabei fluchte Gloria mit zornig verbissenem Gesicht: „Halt still, du Biest!" Dann schnappte sie sich eine Schere und schnitt der Puppe alle Haare ab.

Jetzt hielt es Claudia nicht mehr an der Tür. Sie lief auf Gloria zu und nahm ihr die Puppe weg. „Was fällt dir ein? Die schöne Barbie!"

Inzwischen war auch Felicitas dazugekommen. Sie war bestürzt. „Mein Gott, Herr Benningsen, was müssen Sie jetzt von uns denken!"

Claudia starrte fassungslos auf das geschundene Spielzeug in ihrer Hand. „Felicitas, ich glaube, ihr braucht wirklich Hilfe!"

Bei den Erwachsenen griff Ratlosigkeit um sich. Aber Ben blieb gelassen.

„Stellen Sie sich vor, es wären Monsterfiguren. Ich denke, dann wären Sie nicht so entrüstet!"

„Monsterfiguren?!" Claudia starrte wieder auf die Puppe und konnte es gar nicht glauben.

Felicitas zog seufzend die Schultern hoch. Ihr Mann dagegen hatte seine Ruhe wiedergefunden.

„Ja, da hat Herr Benningsen wohl recht. Es kommt nur auf die Betrachtungsweise an."

„So hatten wir uns das nicht vorgestellt, als wir damals unser Wunschkind bekommen haben", stellte Felicitas betrübt fest.

„Habt ihr mich jetzt nicht mehr lieb?", meldete sich Gloria leise zu Wort. Mit einem Mal war sie wie ein anschmiegsames kleines Kätzchen, das gestreichelt werden wollte.

Dann wurde das Geburtstagsfest doch noch gefeiert. Wenn es auch ein Kindergeburtstag fast ohne Kinder war. Aber Felicitas, Wolfgang und Ben taten Gloria den Gefallen, bei allen Kinderspielen mitzumachen. Ben erwies sich vor allem beim Topfschlagen als Meister. Blind irgendetwas zu finden, schien seine Spezialität zu sein. Und so „erklopfte" er sich ein Jojo, ein Päckchen Glitzersteine zum Aufkleben, ein Sortiment Spielgeld für den Kaufmannsladen und ein Malbuch.

Gloria hatte viel Spaß an den Spielen und verhielt sich für den Rest des Tages vorbildlich.

Claudia Lühnefeldt stimmte als werdende Mutter bedenklich, was sie heute erlebt hatte. Wie sollte man wohl herausfinden, woran man mit den eigenen Kindern sein würde?

Das brachte sie auf die Idee, Ben dazu zu überreden, auch bei ihr und ihrem Lebensgefährten Denis Markwart vorbeizuschauen. Vielleicht konnte er mit ihnen einen „Schnellkurs im Elternwerden" abhalten? Ben versuchte zunächst das abzubiegen. Aber als auch Wolfgang und Claudia Görgens diese Idee „ganz wunderbar" fanden und meinten, er könne da doch bestimmt auch viel von seiner eigenen Erfahrung als werdender Vater weitergeben, widersprach Ben nicht weiter. Er hatte Angst, sein Privatleben würde eingehend thematisiert werden. So stimmte er zu, ohne zu ahnen, auf was er sich da eingelassen hatte. Aber erst einmal hatte er auch gar keine Zeit, darüber nachzudenken.

Denn Glorias Mutter fiel ein, dass sie ja ganz vergessen hatten, den ersten Punkt auf ihrer Liste „abzuarbeiten": Die Polonaise!

„Ja! Ja! Ja!", rief Gloria begeistert, als ihre Mutter sich daran erinnerte. „Ich will Mayonnaise!"

„Eine Polonaise ist nichts zum Essen, mein Engel!"

„Was ist es dann?", wollte Gloria wissen.

Und da Kinder es lieber mögen, wenn man ihnen etwas zeigt, als wenn man es nur erklärt, stand nun auch noch eine Polonaise auf dem Programm … zu Kindermusik, versteht sich.

Am Ende waren alle geschafft. Und Gloria selbst hatte sich zum Abschluss ihres Geburtstages noch etwas ganz Besonderes ausgedacht. Sie bestand darauf, dass sie nicht alleine ins Bett ging. Sie wollte in Mamas und Papas Bett schlafen, und alle sollten sich mit zu ihr legen. Nachdem sich das erste Erstaunen gelegt hatte, wurde ihr auch dieser Wunsch erfüllt.

Nun lag Ben neben Glorias Vater mit in dem großen Ehebett, daneben Gloria, auf der anderen Seite ihre Mutter Felicitas und ihre Tante Claudia. Ben starrte an die Decke und wollte gerade abwägen, ob er sich jetzt gerade pädagogisch korrekt verhalten hatte. Da stand Gloria plötzlich auf, krabbelte von einem zum anderen, drückte jedem einen Kuss auf die Stirn und sagte: „Ich habe euch alle sooo lieb! Mama, Papa, Tante Claudia. Und du, Onkel Ben, dich auch!"

Und Ben kam zu dem Schluss:

Je jünger die Kinder sind, umso mehr erfährst du deine eigenen Grenzen und durchlebst große Gefühle.

Und Ben notierte:

* Trotz lässt sich nicht vermeiden! Und auch Trotzanlässe lassen sich nicht vermeiden! Situationen können jederzeit eskalieren. Und schon hat man es mit einem Rumpelstilzchen zu tun!

* Trotz stellt keine Ablehnung der Eltern dar, es ist die Unabhängigkeitserklärung des Kindes. Es sagt dir: „Ich kann alleine!" oder „Ich will alleine!"

* „Halt mich, aber lass mich los! Lass mich los, aber halt mich!" Das ist die Botschaft des Trotzalters. Und für Eltern ist es schwierig, hier eine Balance zu finden.

* Trotzanfälle haben eine spezifische Dramaturgie. Der Anfall ist ein Stück in mehreren Akten, an dessen Ende ein Happy End mit erschöpften Darstellern steht, denen man ansieht, welche Gefühlsstürme sie gerade durchlebt haben.

* Hat der Trotzanfall nicht drei Akte, wie in einem klassischen Drama?
  Akt 1: Das Kind will etwas und setzt sich nicht durch. Oder es überschätzt sich und scheitert — und schon eskaliert die Situation, zündet der Sprengsatz — das geschieht blitzartig.
  Akt 2: Der „Kurzschluss" beim Kind. Es rastet komplett aus. Es steht völlig neben sich. Es ist nicht zugänglich für Zuspruch und Zuwendung. Am Ende von Akt 2 steht die totale Erschöpfung des Kindes. Die Spannungszustände sind aber zur Entspannung gebracht.
  Akt 3: Das Drama geht zu Ende. Das Happy End ist da. Das Kind fühlt urplötzlich Erleichterung. Mit einem Mal lächelt es so vergnügt-fröhlich, als wäre nichts, aber auch rein gar nichts gewesen. Das Kind erinnert sich nicht mehr daran, was noch Minuten vorher passiert ist. Es fühlt sich nicht schuldig. Denn der Trotz richtet sich weder gegen die Eltern noch gegen sonst irgendjemanden.

Familie in Planung

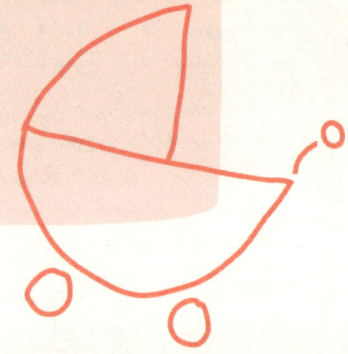

Wie Ben Benningsen sich vorstellt,
dass man werdende Eltern mit Theorie
auf die Rolle als Vater und Mutter
vorbereiten kann.

Für den Besuch bei Claudia Lühnefeldt und ihrem Lebensgefährten Denis Markwart hatte Ben sich eigentlich noch ein-
gehender vorbereiten wollen. Bisher hatte er ja nur mit Kindern
zu tun gehabt, die schon geboren waren. Aber es gab da noch
etwas, was die Sache reichlich kompliziert machte: Claudia war
so begeistert gewesen von ihrer Idee eines „pränatalen Erziehungs-
coachings", wie sie es nannte, dass sie Bens Ehefrau gleich mit
eingeladen hatte. „Wahrscheinlich ist sie darin die wahre Spezia-
listin", waren ihre Worte gewesen.
Ben hatte erst mal nur gelächelt, während er fieberhaft nach einer
passenden Erklärung suchte, warum das nicht ging. Da ihm aber
keine Ausrede eingefallen war, hatte er einfach versprochen,
seine Frau Josephine zu fragen. Er war sehr zufrieden, dass ihm

gleich der Name eingefallen war, den er seiner fiktiven Ehefrau gegeben hatte. Claudia hatte schon angefangen, sich einen lebhaften Austausch mit Josephine vorzustellen. Und Ben war sich ein wenig schäbig vorgekommen, denn er hatte immer wieder beteuert, dass Josephine sich bestimmt auch freuen würde.

Das hatte er nun davon. Jetzt musste er sich eine verdammt gute Geschichte einfallen lassen. Und zwar schnell. Denn ihn trennten nur noch wenige Meter von der Wohnung der werdenden Eltern. Da Stil und Design eine wichtige Rollte spielten bei Claudia und Denis, hatten sie natürlich auch ein entsprechendes Wohnambiente gewählt. In einem schicken Loft, das in einem ausgebauten Fabrikgeländer lag, hatten sie sich niedergelassen.

Hier war sogar der Klingelton besonders stylish.

Claudia strahlte, als sie die Tür öffnete. Aber ihr Strahlen wich sofort einer enttäuschten Miene, als sie bemerkte, dass Ben alleine gekommen war.

„Wo ist denn Ihre Frau?", erkundigte sie sich.

„Ja, also die …", Ben hoffte inständig auf eine Eingebung. Sein Blick fiel auf Claudias Schwangerschaftsbauch, und da kam ihm ein Argument in den Sinn, das so nahe lag, dass er sich fragte, warum es ihm nicht gleich eingefallen war.

„Ja, meine Frau wäre sehr gerne mitgekommen", entschuldigte er sich nun. „Aber unser Babysitter hat uns versetzt."

Claudia akzeptierte diese Erklärung mit einem wissenden Lächeln, strich sich über ihren Bauch und meinte: „Ja, mit solchen Dingen werden ja wir ja demnächst auch zu kämpfen haben."

Damit schien das Thema erst einmal erledigt. Ben atmete auf.

Denis Markwart kam dazu, reichte Ben Benningsen schwungvoll die Hand und drückte so fest zu, als wolle er ein Geschäft besiegeln. Denis war Wirtschaftsanwalt. Erfolgreiche Abschlüsse waren seine Spezialität.

„Herr Benningsen, kommen Sie rein! Wir haben uns ja schon die ganze Zeit so auf Sie gefreut!", begrüßte er ihn.

Fast ein wenig zaghaft betrat Ben den erlesen ausgestatteten Raum.

Hier war alles so stilsicher platziert, dass es Ben mehr an einen Ausstellungsraum erinnerte als an eine Wohnung. Claudia bemerkte, wie beeindruckt er war.

„Ja, wir haben hier alles auf den Kopf gestellt, hatten extra eine Feng-Shui-Beraterin da", erzählte sie stolz. „Unser Kind soll doch in einer guten energetischen Atmosphäre aufwachsen."

„In der besten!", ergänzte Denis. „Deswegen haben wir alles neu streichen lassen mit Naturfarben."

Claudia tippte mit ihrem Fuß auf den Boden.

„Eine Fußbodenheizung hatten wir schon. Jetzt überlege ich natürlich, ob das überhaupt gut ist. Das soll ja Krampfadern fördern. Und man sagt doch, in der Schwangerschaft ist man dafür besonders anfällig."

Denis strich seiner Lebensgefährtin liebevoll über die Schultern.

„An was man jetzt plötzlich alles denkt! Das ist schon erstaun-lich! Wir waren ja vorher so ahnungslos. Über so vieles hatten wir nie nachgedacht!"

Claudia lächelte zustimmend und lehnte sich voller Vertrauen bei Denis an.

„Da merkt man schon, was für ein Geschenk so ein Kind ist! Das ging Ihnen doch bestimmt genauso, Herr Benningsen, oder? Oder wie war das, als Sie Ihr erstes Kind erwartet haben?"

„Ja, natürlich", sagte Ben schnell und suchte nach einer Möglich-keit, das Gespräch wieder von sich abzulenken. Zum Glück fiel ihm ein passender Spruch von Gandhi ein, den er sinngemäß zitierte.

Kinder sind die wirklichen Weisheitslehrer, sie führen einen auf den Pfad der Erkenntnis.

Gandhi

„Ein guter Spruch!", kommentierte Denis beeindruckt.

„Der ist nicht von mir, der stammt von Gandhi", erklärte Ben.

Denis tippte Ben beschwingt mit dem Zeigefinger auf die Brust und meinte: „Ja, der hat schon recht, der Gandhi."

Auch Claudia nickte. „Also zum Beispiel die Sache mit den ganzen Energien, wo die alle drinstecken, ja quasi überall! Das war mir überhaupt nicht klar! Aber als ich schwanger wurde, habe ich mit Yoga angefangen. Und da …"

„Und da Claudia alles, was sie macht, gründlich macht …", fiel Denis ihr ins Wort, „da hat sie sich natürlich auch gleich mit der östlichen Weisheitslehre befasst. Also bei der Sache mit der Wiedergeburt, da kann ich ja nur schwer folgen. Ich persönlich glaube nicht, dass ich schon mal gelebt habe, also als Feldhase oder so etwas."

„Nein, mein Hase, du warst bestimmt ein Panther!", zog Claudia ihn liebevoll auf. „Und das Thema Wiedergeburt wollten wir ja nicht weiter vertiefen."

„*Eine* Geburt reicht ja auch für den Anfang", scherzte Ben.

Claudia streichelte wieder ihren Bauch.

„Auf jeden Fall wollen wir, dass es unserem Baby an nichts fehlt!

Und wir hoffen natürlich, dass wir alles richtig machen.

Claudia

Aber mir machen die ganzen Energien, die überall drinstecken, schon Sorgen."

„Wie meinen Sie das?", erkundigte sich Ben.

Ehe Claudia antworten konnte, umfasste Denis fürsorglich ihre Hände und beschwor sie: „Schnuckl, du sollst dir doch keine Sorgen machen! Das ist nicht gut für das Kleine!"

Schnell löste Claudia sich aus seinem Griff. „Ich weiß, Hase", stellte sie fest.

Von zu viel Stress soll man ja ängstliche Kinder bekommen.

Claudia

Und besorgt wollte sie von Ben wissen: „Stimmt das, Herr Benningsen?"

„Na ja, zu viel Stress tut keinem gut", antwortete der ausweichend.

„Man muss aber jetzt auch an so vieles denken!", seufzte Claudia und fuhr sich durch die Haare. „Ich meine, kann man denn überhaupt noch Seide tragen? Wenn man bedenkt, wie viele Kokons dafür gebraucht werden. Und mit jedem Kokon wird doch ein Lebewesen vernichtet. Grausam!" Claudia schüttelte sich vor Entsetzen. „Wie viel negative Energie das bedeutet! Da kann man doch wirklich keine Seide mehr tragen!"

Denis gab Ben mit der Hand ein Zeichen und flüsterte ihm zu: „Schwangere Frauen sind eben sehr sensibel!"

Claudia hatte das gehört. Sofort schossen ihr Tränen in die Augen und sie beschwerte sich: „Warum nimmst du mich nicht ernst?"

Denis führte sie zu einem Sessel und wollte ihr behutsam hineinhelfen. Claudia wehrte ihn jedoch verärgert ab. „Lass mich, ich kann das alleine!"

Denis war voller Mitgefühl: „Schnuckl, es tut mir leid. Das ist wirklich schrecklich mit der Seide. Aber für die Baumwolle aus Indien müssen Kinder arbeiten. Das ist auch nicht viel besser."

Schluchzend erklärte Claudia daraufhin: „Wir dürfen nur noch Sachen aus fairem Handel kaufen!"

„Das machen wir", versicherte Denis. „Das verspreche ich dir!"

Ben Benningsen betrachtete währenddessen einige großformatige Bilder, die an einer Wand angeordnet waren. Es waren ausdrucksstarke Bilder, die Farbexplosionen glichen.

„Von wem sind diese Werke denn?", erkundigte sich Ben.

„Die hat Claudia gemalt", erklärte Denis stolz.

„Ja, ich habe mich spontan zu einem Kurs für Ausdrucksmalen angemeldet", erläuterte sie. „In einem Schwangerschaftsratgeber hatte ich gelesen, dass es förderlich ist, seinen Stimmungen Ausdruck zu verleihen."

„Wirklich beeindruckend", befand Ben Benningsen.

„Ja, ich bin auch froh, dass ich das terminlich noch hingekriegt habe, neben Schwangerschaftsyoga und Atemgymnastik."
Claudia strich wieder einmal sanft über ihren Bauch.

Es ist eben alles eine Frage der Organisation.

Claudia

Und engagiert verkündete sie: „Ich will dann ja auch so bald wie möglich wieder arbeiten. Nicht, dass ich das müsste. Aber mir macht mein Beruf Spaß, und es gibt ja viele Beispiele von Müttern, die beides gut unter einen Hut bekommen. Mit der richtigen Planung klappt das schon!"

„Schnuckl würde ja am liebsten gleich mal einen Fünfjahresplan ausarbeiten", nahm Denis seine Lebensgefährtin liebevoll auf die Schippe.

„Mach du dich nur lustig über mich", wehrte sich Claudia. „Wenn man eine Struktur hat, kann man sich einfach besser orientieren. Ich war doch noch nie Mutter. Und ich finde, ich bin es meinem Kind schuldig, dass ich mich so gut wie möglich auf alles vorbereite. Oder was meinen Sie, Herr Benningsen?"

Ben schmunzelte ein wenig. Er überlegte, wie er Claudias Übereifer sanft ein wenig bremsen konnte, und meinte dann: „Ein Kind zu bekommen, ist auf jeden Fall ein Abenteuer. Aber nicht alles im Leben ist planbar."

„Sicher", gab ihm Denis recht. „Die Kraft des Faktischen ist immer stärker."

Ben musste wohl ziemlich irritiert geschaut haben, denn Denis erläuterte prompt: „Damit meine ich, wenn sich etwas ändern sollte, macht man eben einen neuen Plan."

„Ganz ohne Plan geht es auf keinen Fall", ergänzte Claudia. „Wie will man die Dinge denn sonst im Griff haben?"

„Nun gut", gab Ben ihr recht. „Die Erfahrungen zeigen aber, dass ein Kind, vor allem ein Neugeborenes, eher seine Eltern im Griff hat als umgekehrt. Es ist wohl mehr als nur ein gegenseitiger Prozess."

Claudia und Denis sahen ihn mit großen Augen an.

„Und wenn man sich darauf einlässt", fuhr Ben Benningsen fort, „dann lernt man auch selber täglich dazu. Maria Montessori hat das einmal sehr schön auf den Punkt gebracht."

Die Mutter, der Vater, der Lehrer wird vom Kind selbst die Mittel und den Weg für seine eigene Erziehung lernen, das heißt, er wird vom Kind lernen, sich als Erzieher zu vervollkommnen.

Maria Montessori

Denis atmete tief durch und sah Claudia an. „Ja, na dann!" Mehr wusste er in diesem Augenblick nicht dazu zu sagen. Claudia hingegen war begeistert, dass sich ihr hier eine neue Informationsquelle eröffnete. „Maria Montessori! Natürlich!" Und sie gab Denis einen Stups: „Hase, mit der haben wir uns noch viel zu wenig beschäftigt."

„Ich werde nachher gleich mal im Internet nachschauen, was es dazu gibt", versprach Denis pflichtbewusst. „Aber jetzt könnte ich gut erst einmal etwas zu essen vertragen. Schnuckl, dich brauche ich ja wohl nicht erst zu fragen?"

„Nein!", lachte Claudia und erklärte Ben: „Ich könnte die ganze Zeit essen … saure Gurken, Schokoladeneis, Pizza. Aber so etwas kommt nur im Ausnahmefall in Frage. Ich ernähre mich natürlich streng gesund. Viel Obst, frisches Gemüse und Vollkornprodukte. Natürlich auch regelmäßig gekochten Fisch, mageres Fleisch und Milch, Joghurt und Käse … eine gesunde Mischkost eben."

„Und wie sieht es mit Ihnen aus, Herr Benningsen?", erkundigte sich Denis.

„Och, ich …", und schnell verbesserte er sich: „Also wir ernähren uns auch so gemischt."

„Ich meinte eigentlich, wie es um Ihren Hunger bestellt ist."

„Gut!", antwortete Ben.

„Dann schlage ich vor, dass wir jetzt etwas essen. Wir haben eine Kleinigkeit vorbereitet." Und Denis stand auf und ging in den Küchenbereich hinüber.

Für Ben kam dieser Vorschlag wie gerufen. Sein Magen knurrte schon, und er freute sich auf etwas Leckeres. Aber als er sah, was Denis nun strahlend auf den Tisch stellte, musste er schlucken. Mit großer Treffsicherheit hatten die beiden genau das Gericht ausgewählt, das er am wenigsten mochte: Sushi! Roher Fisch und kalter Pappreis, das war einfach nichts für ihn. Gegen Gerolltes hatte er nichts. Er mochte es aber lieber in Form von ganz normalen Rouladen. Doch Ben Benningsen wollte nicht unhöflich sein. Und er wollte sich natürlich nicht blamieren. So versuchte er, sich bei Denis und Claudia das gekonnte Hantieren mit den Stäbchen abzuschauen. Der Umgang mit dem asiatischen Besteck war für ihn fast so ein Wunderding wie die tanzenden Stricknadeln seiner Großmutter, wenn sie früher Socken gestrickt hatte.

Nach einigen erfolglosen Versuchen, bei denen die Sushirollen immer wieder woanders landeten, nur nie da, wo sie hinsollten, gab Ben auf und nahm die Reishäppchen in die Hand.

„Also wir mögen Sushi ja unheimlich gerne", schwärmte Claudia, die statt Sushi allerdings ein warmes Reisgericht mit gedünstetem Fisch und Gemüse aus einer Schüssel aß.

„Leider darf ich das derzeit nicht essen, gar nichts Rohes. Das ist tabu wegen der Toxoplasmose-Gefahr."

„Aber Fisch ist ja so gesund", ergänzte Denis.

„In Japan sollen ja viele Fische stark mit Blei belastet sein", bemerkte Ben ganz in Gedanken.

Claudia horchte auf. „Hase, wo hast du das Essen besorgt?", wollte sie wissen.

„Beim Japaner ein paar Straßen weiter.
Da, wo wir es immer holen."

„Beim Japaner?"

Entsetzt ließ Claudia ihre Stäbchen fallen.

Und kaum schaffte sie es, den Bissen Fisch herunterschlucken, den sie noch im Mund hatte.

„Beim Japaner!", wiederholte sie mit schriller Stimme.

„Ich esse nichts mehr davon! Keinen Bissen."

„Tut mir leid, wenn ich Ihnen den Appetit verdorben habe", entschuldigte sich Ben kleinlaut. „Es ist ja auch nicht gesagt, dass alle Japaner …"

Weiter kam er nicht. Denn Claudia stand auf und stürzte ins Badezimmer.

„Das ist diese plötzlich auftretende Übelkeit", erläuterte Denis. „Eigentlich soll die ja nach dem dritten Monat besser werden. Hatte Ihre Frau auch so darunter zu leiden?"

Ben Benningsen nickte kurz. „Irgendwann wird es besser."

Eine qualifiziertere Auskunft fiel ihm zu diesem Thema auf die Schnelle nicht ein.

Aber Denis war damit zufrieden. Und er schlug vor: „Ich hätte da noch Spaghetti aglio im Angebot. Biospaghetti und Bioknoblauch wären noch da."

„Olivenöl auch?", erkundigte sich Ben.

„Na klar, auch aus biologischem Anbau."

„Das hört sich nach einer guten Alternative an", stellte Ben Benningsen zufrieden fest.

Dann kam Claudia aus dem Badezimmer zurück. Es schien ihr besser zu gehen. Und während Denis sich nun als Koch betätigte, wollte Claudia schon einmal anfangen, Ben einige Fragen zu stellen, die ihr und dem werdenden Vater auf dem Herzen lagen.

Sie hätte extra paar Notizen gemacht, wie sie sagte.

Ben bekam einen Schreck, als sie die Papiere holte. Die Notizen waren fünf Seiten lang.

Claudias erste Frage lautete: „Herr Benningsen, was glauben Sie, welcher Kindergarten ist für unser Kind am besten?"

Ben stutzte einen Moment. Er fand, diese Frage dränge sich nicht wirklich als Erstes auf, wenn man wie Claudia im vierten Monat schwanger war.

Claudia bemerkte seine Verwirrung und fuhr fort: „Ich meine, wir müssen doch planen, und ich habe gehört, dass man Kinder zum Beispiel im Waldorfkindergarten schon ganz früh anmelden muss."

Ben wollte ihr die Frage schon ausreden, doch dann besann er sich anders. Er spürte, dass es besser war, Claudias Sorgen ernst zu nehmen. Und so antwortete er:

„Normalerweise richten sich die Eltern in der Auswahl des Kindergartens auch nach dem Entwicklungsstand oder dem Temperament ihres Kindes. Darüber wissen wir im Augenblick ja noch nicht viel."

„Außer dass es lebhaft ist", merkte Claudia lächelnd an. „Es strampelt nämlich schon heftig. Meinen Sie, ein Waldorfkindergarten ist gut? Also, so von der Weltanschauung her?"

Ben holte ein wenig aus.

„Rudolf Steiner, der Gründer der Waldorfpädagogik, hat sich ja dagegen ausgesprochen, sein Prinzip zur Weltanschauung zu erheben."

Wir müssen lebendiges Interesse haben für alles, was heute in der Zeit vor sich geht, sonst sind wir für diese Schule schlechte Lehrer.

Rudolf Steiner

„So hat er sich geäußert. Aber vielleicht sollten wir die Kindergartenfrage noch etwas verschieben", schlug Ben nun doch vor und machte den Versuch, die Dinge in die richtige Reihenfolge zu bringen: „Wissen Sie denn schon, was es wird? Ein Junge oder ein Mädchen?"

Claudia und Denis schauten sich an. Claudia grinste. „Denis will es nicht vorher wissen."

„Ja, ich habe mir gedacht, das soll die größte Überraschung meines Lebens werden."

Claudia zog Ben Benningsen in den Flur.

„Aber Ihnen kann ich's ja schon mal zeigen." Sie holte ein Ultraschallbild aus einer Mappe und hielt es Ben hin. „Das konnte ich ja schlecht zeigen, sonst wär es keine Überraschung mehr gewesen."

Ben drehte das Bild, legte seinen Kopf schief und schmunzelte. Denis, der gerade den Härtegrad der Spaghetti testete, wurde unruhig und wollte von der Küche aus das Bild sehen. Dann hielt er es nicht mehr aus und kam herüber.

„Nun geben Sie schon her!", rief er, schnappte sich das Bild und betrachtete es eingehend. Ein Fötus mit einer Erektion war zu erkennen.

„Er kommt ganz nach mir!", stellte Denis zufrieden fest und jubelte dann: „Schnuckl, wir bekommen einen Jungen!"

Claudia nickte glücklich und Denis gab ihr einen Kuss.

„Ich habe es immer gewusst, Hase!", freute sie sich. „Auch ohne Ultraschalluntersuchung. Ich wusste einfach, wenn das Kind so stark strampelt, muss es ein Junge sein!"

Dann wandte sich Claudia an Ben. „Es gibt da ja die erstaunlichsten Theorien, Herr Benningsen. Aber das ist ja bestimmt nichts Neues für Sie!"

War es doch. Und Ben Benningsen machte ein entsprechendes Gesicht.

„Na ja, ich habe das in einem Schwangerschaftskalender gelesen. Danach soll es ein Mädchen werden, wenn man ein bleiches Gesicht hat, wenn das linke Auge und die linke Brust kleiner sind, wenn einem am Anfang besonders oft übel wird und wenn man von runden Gegenständen oder Früchten träumt."

„Oh. Und was sind die Anzeichen für einen Jungen?", erkundigte sich Ben.

„Dann soll das Gesicht eine rosige, gesunde Farbe haben", erklärte Claudia. „Und in dem Fall sollen das linke Auge und die linke Brust größer sein, und im Traum erscheinen längliche Gegenstände oder Gemüse."

„Wie man da wohl auf längliche Dinge kommt?", lachte Denis.

„Aber das ist ja alles harmlos im Gegensatz zu den Aktionen, die man veranstalten soll, um einen Jungen zu bekommen."

Ben war neugierig. „Zum Beispiel?"

„Um einen Stammhalter zu zeugen, soll man sich den linken Hoden abbinden."

„Das ist jetzt nicht Ihr Ernst?"

„*Ich* behaupte das ja nicht", verteidigte sich Denis. „Das habe ich im Internet gelesen. Früher glaubte man wohl, rechts befänden sich die Samen, aus denen ein Junge entsteht. Und um die Chancen noch zu erhöhen, soll die Frau bei der Zeugung auf der rechten Seite liegen. Außerdem", fügte er mit ernster Miene hinzu, „gibt es eine spezielle Buben-Diät. Da heißt es, man solle viel Kalium und Natrium zu sich nehmen."

Ben staunte. „Und wenn man ein Mädchen haben will?"

„Dann sind Magnesium und Calcium wichtig", wusste Denis.

„Das hat wohl damit zu tun, was man herausgefunden hat:

Neben dem Zeitpunkt der Befruchtung soll auch das Verhältnis bestimmter Salze in der Nahrung das Geschlecht beeinflussen."

Ben nickte nachdenklich. Fast war er ein wenig erschüttert, wie wenig Ahnung er auf diesem Gebiet hatte. Und in Gedanken notierte er sich, was er alles recherchieren wollte: vor allem pränatale Entwicklungstheorien. Und er beschloss auch, noch einmal bei Rudolf Steiner und Maria Montessori nachzuschlagen. Die hatten dazu zwar nichts formuliert, aber vielleicht wäre es hilfreich, ihre Thesen erneut zu studieren.

Das sprudelnde Geräusch überkochender Nudeln holte ihn aus seinen Gedanken. Denis eilte zum Herd zurück. Kurze Zeit später war das Essen fertig.

Denis ging noch zur Musikanlage, um eine CD einzulegen.

„Hase, denk dran, Beethoven, Brahms oder Hardrock sind nicht gut für unser Kind, da wird es unruhig von", erinnerte ihn Claudia.

Also bitte kein AC/DC, sonst schlägt das Fruchtwasser noch Wellen.

Claudia

„Ich weiß, Schnuckl. Vivaldi oder Mozart sind besser!"
Claudia lächelte Ben an. „Sie sehen, Herr Benningsen, wir haben wirklich versucht, uns über alles zu informieren."
„Aber ist es nicht auch so, dass es im Bauch sowieso ziemlich laut ist?", merkte Ben vorsichtig an.
„Wie kommen Sie darauf?", erkundigte sich Claudia.
„Na ja, was glauben Sie, wie Ihr Herz dröhnt, wenn Sie so nah dran sind", klärte Ben sie schmunzelnd auf. „Und direkt hinter der Fruchtblase sitzt die Schlagader, die pocht auch ganz schön. Ganz zu schweigen von den Verdauuungslauten Ihres Magens

oder dem Gluckern im Darm. Auch die Fließgeräusche des Blutes durch die Nabelschnur sollen ziemlich heftig sein, das hört sich an wie bei einer Klospülung."

„Aha", Claudia war pikiert. Der Gedanke, dass die Verbindung zu dem Baby in ihrem Bauch einer Klospülung glich, wenn auch nur akustisch, behagte ihr überhaupt nicht. Und so beendete sie das Thema mit den Worten: „Na ja, auf jeden Fall haben wir die passenden Gespräche zum Essen."

Denis schien die Ironie in ihrer Bemerkung überhört zu haben. Das zeigte seine nächste Frage an den Erziehungsexperten.

Und wann fangen wir mit der Sauberkeitserziehung an?

Denis

Er suchte Unterstützung bei Claudia: „Schnuckl, du hast mir doch erzählt, dass die Kinder heute schon mit drei Jahren sauber sein sollen, wenn sie in den Kindergarten müssen."

„Ja, das habe ich gehört", bestätigte Claudia knapp.

„Herr Benningsen, meinen Sie, diese Lerntöpfchen, also die Kinderklos mit Musik, sind da hilfreich? Die spielen eine bestimmte Melodie, beispielsweise einen Fanfarenton, wenn man … also wenn das Kind … sein großes Geschäft gemacht hat."

„Ja, ich würde sagen, das kommt auf das Kind und auf die Melodie an", erwiderte Ben nicht ganz ernst.

Aber Denis beschäftigte diese Frage offenbar sehr. Und so bohrte er weiter: „Aber in der Schwangerschaft hört das Kind Mozart und Vivaldi und dann plötzlich nur einen simplen Fanfarenton! Kommt es da nicht durcheinander? Ich meine, kann das nicht zu Verstopfung führen?"

Ben musste ein Lachen unterdrücken und zuckte nur ratlos mit den Schultern.

„Also ich denke, Verdauungsprobleme haben wir jetzt wirklich ausreichend erörtert", befand Claudia nachdrücklich.

Sie blickte auf ihre Liste und nutzte die Gesprächspause, um eine weitere Frage zu stellen.

„Es heißt ja, Grenzen zu setzen sei in der Erziehung sehr wichtig. Wann fängt man denn damit an?

Soll ich schon Grenzen setzen, wenn der Kleine zu sehr an meine Bauchdecke trommelt?

Claudia

Ich meine, ich muss ihm dann doch kommunizieren, dass das Mama weh tut?" Und wieder streichelte Claudia sanft ihren Bauch.

„Das Strampeln im Bauch ist ein ganz natürlicher Vorgang", erklärte Ben. „Sie sollten es nicht unterbinden, sondern sich vielmehr darüber freuen, dass Ihr Kleiner so lebendig ist. Und das mit dem Grenzensetzen können Sie ruhigen Gewissens auf später verschieben."

Claudia machte sich eine kurze Notiz und fuhr dann fort: „Und was für Windeln soll ich nehmen? Wahrscheinlich am besten Stoffwindeln, oder? Ich habe gehört, die sind für den Po besser, weil der Luftaustausch optimal ist. Also, von der Feng-Shui-Lehre her hieße das ja auch, dass das Qi besser fließen kann."

„Qi? Ich dachte bisher immer, das heißt Shit?", mischte sich Denis ein. „Also Scheiße … auf Deutsch."

Claudia strich zärtlich über seine Hand und erläuterte: „Hase, Qi ist die Lebensenergie. Du solltest das Buch über Feng Shui endlich mal lesen."

„Ja, und welche Windeln nehmen wir jetzt?", fragte Denis.

„Wir?", wiederholte Ben amüsiert. „Wir brauchen ja zum Glück noch keine Windeln. Aber für Ihr Baby könnten Sie sich ja erst einmal Stoffwindeln besorgen. Und dann sehen Sie ja, wie Sie damit zurechtkommen. Vieles ist einfach auch eine Sache des Ausprobierens. Man kann nicht alle Kinder gleich behandeln, weil jedes sich anders entwickelt. Rudolf Steiner hat das einmal auf den Punkt gebracht."

Es gibt keine Entwicklung an sich, keine Entwicklung im Allgemeinen, es gibt nur die Entwicklung des einen oder des anderen oder des Dritten, des Vierten ... Und so viele Menschen es auf der Welt gibt, so viele Entwicklungsprozesse muss es geben.

Rudolf Steiner

„Ja, das ist wohl wahr", sah Claudia nachdenklich ein. „Wir gehen den einzelnen Fragen ja auch nur so intensiv nach, weil wir alles richtig machen wollen. So gesehen finde ich es wirklich schade, dass wir ja wohl für den Erziehungs-Oscar nicht in Betracht kommen, oder?"

„Sie können es dann ja bei der nächsten Verleihung probieren", tröstete Ben.

„Wissen Sie, Herr Benningsen, ich will es einfach besser machen als meine Schwester", beteuerte Claudia. „Amelie hat ihre Kinder einfach so bekommen … ohne jeden theoretischen Unterbau, ohne exakte Analysen, ohne genaue Konzepte! Einfach so!"

Dieser Gedanke wühlte Claudia sichtlich auf, schon wieder wurden ihre Augen feucht. Ben wartete ab, bis sie sich ein wenig beruhigt hatte.

„Nun ja", bemerkte er dann. „Einfach so, das heißt ja sozusagen aus dem Bauch heraus. Und das ist für eine Schwangerschaft doch ein ganz guter Ansatz!"

„Aber doch nicht nur!", mischte sich Denis jetzt ein. „Ich bitte Sie! Es geht doch um eine optimale Förderung. Wenn man damit nicht ganz früh anfängt, hat man doch heute bei unserer wirtschaftlichen Lage keine Chance!"

„Es ist ja schade, dass es bei uns nicht auch schon so pädagogische, kreativitätsfördernde Spiele für die Schwangerschaft gibt", stellte Claudia mit Bedauern fest.

„Aber in den USA, da gibt es ja diese Universität für Föten", berichtete Denis, und seine Augen leuchteten. „Ich will uns da mal ein Programm besorgen. Der Lehrplan sieht vor, ein Vorbewusstsein für Sprache und Zahlen zu schaffen."

Ben staunte. „Aber wie soll das denn gehen?"

„Soweit ich informiert bin, funktioniert das über intensives Vorsprechen und Vorlesen oder auch über eine ausgetüftelte Klopftechnik auf den Bauch, mit der Zahlenwerte vermittelt werden sollen."

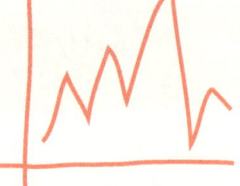

Claudia nickte bestätigend. „Und ich habe gelesen, dass Koreanerinnen versuchen, ihr Kind mental zu beeinflussen. Durch Suggestionen, mit denen sie sich an ihr Ungeborenes wenden. Viele sind der Meinung, dass man so ein braves, fleißiges Kind bekommen kann. Sind Ihnen dazu irgendwelche Forschungsergebnisse bekannt, Herr Benningsen?"

„Nicht dass ich wüsste", erwiderte Ben. „Sie helfen Ihrem Kind bestimmt, wenn Sie schon so früh wie möglich Kontakt zu ihm aufnehmen. So wie Sie es schon machen: Ihren Bauch streicheln. Das reicht!"

„Auf jeden Fall sollten wir, wenn das Kind auf der Welt ist, doch ganz schnell einen IQ-Test machen", schlug Denis vor. Wenn es um die Intelligenz ging, war er in seinem Element.

„Man liest ja heute so viel über Hyperaktivität durch Unterforderung. Und falls unser Kind hochbegabt sein sollte, dann wollen wir es natürlich auch so früh wie möglich richtig fördern!"

Claudia nickte und gab ihrem Denis einen Kuss. Sie streichelte seine Hand und stellte klar: „Auf jeden Fall bin ich froh, dass Denis mich so unterstützt!"

Denis stand auf.

„Schnuckl! Warte einen Moment! Ich habe da noch eine besondere Überraschung für dich!", kündigte er an und verschwand kurz im Schlafbereich.

Als Denis wiederkam, glaubte Ben seinen Augen nicht zu trauen. Denis Markwart, der knallharte Wirtschaftsanwalt, hatte sich einen künstlichen Schwangerschaftsbauch umgeschnallt und versuchte den Gang einer Hochschwangeren nachzuahmen.

„Den habe ich extra anfertigen lassen!", verkündete er stolz.

„Damit ich mich besser in Claudias Lage versetzen kann." Er schaute Ben ganz ernst an: „Er ist exakt nach ihren Werten und den Prognosen für den Verlauf ihrer Schwangerschaft berechnet worden. Schnuckl, so sieht dein Bauch kurz vor der Geburt aus!"

Ben war platt.

Ihm fehlten die Worte. Wenn er das in einem Buch schrieb, keiner würde ihm glauben!

Claudia indes war zu Tränen gerührt, streichelte erst über Denis' Plastikbauch, dann über ihren eigenen. Bis sie plötzlich auffuhr.

„Oh je!", rief sie. „Jetzt fällt mir ein, ich habe etwas ganz Wichtiges vergessen!"

Erwartungsvoll starrten Denis und Ben sie an. Was könnte sie meinen? Die letzte Kontrolluntersuchung?

Aber dann erklärte Claudia: „Ich habe vergessen, den Geburtstermin in meinen Organizer einzutragen. Am besten mache ich das gleich mit Memoryfunktion!"

„Ich glaube, die Memoryfunktion werden Sie nicht brauchen", bemerkte Ben vorsichtig.

Über die beiden konnte er sich kaum genug wundern.

„Sie werden es spätestens dann merken, wenn die Wehen einsetzen!"

Und Ben kam zu dem Schluss:

Kinder sind keine Projekte, die man durchplanen kann.

Und Ben notierte:

* Wie ist es wohl meiner Mutter oder Großmutter während der Schwangerschaft ergangen? Haben die sich auch solche Gedanken gemacht? Gedanken schon, aber andere. Meine Mutter hat ja nur eines, meine Großmutter immerhin drei Kinder bekommen. Die stand mit beiden Beinen auf der Erde. Und mein Großvater hätte sich niemals einen Schwangerschaftsbauch umgeschnallt. Der ist ja nicht einmal zur Entbindung erschienen. Erst zwei Tage später hat der seine Sprösslinge das erste Mal gesehen.

* Meine Mutter hat mir mal erzählt, dass sie immer Jod genommen hat, während der Schwangerschaft mit mir. Jod soll Kinder klug machen!

* Aber generell kann man wohl sagen: Planung ist das eine, die Umsetzung ist etwas völlig anderes. Heißt nicht ein weiser Spruch: Erstens kommt es anders und zweitens als man denkt!

* Eltern bekommen die Kinder, an und mit denen sie etwas lernen können: perfekte Eltern, bei denen alles nach Plan läuft, bekommen das träumende, selbstvergessene Kind. Eltern, die alles richtig machen, bekommen ein Kind, das nach dem Motto lebt: Nur durch Fehler wird man schlau. Und Eltern, bei denen alles schnell, schnell gehen muss, bekommen die langsame, trödelnde Schnecke.

* Kinder erden die Eltern, bewahren sie davor, in den „Pädagogenhimmel" abzuheben. Es braucht zwar einige Zeit, ehe die Eltern das kapieren. Aber die Kinder machen ihr Gegenprogramm so lange, bis die Eltern es verstanden haben.

* Wenn das Kind noch „unterwegs" ist, dann ist den Eltern theoretisch alles klar. Sie wissen alles und jedes! Die Krisen fangen später an — dann, wenn die Kinder da sind, sich die Mühen einstellen. Dann, wenn man wenig Zeit hat für sich selbst und dafür, Mann und Frau zu sein, wenn sich alles nur noch um das Kind dreht.

* Pränatale Diagnostik ist Segen und Fluch zugleich. Hierzu könnte man noch eine Menge sagen, das ist eigentlich ein eigenes Thema. Die frühe Suche nach „Fehlern" ist ein Grund mehr, schon zu Beginn an die Planbarkeit des Lebens zu glauben. Den Eltern wird suggeriert, sie hätten damit alles unter Kontrolle. Aber es gibt keine Entwicklung ohne den Widerspruch, ohne negative Seiten. Man will alles planen — bis ins letzte Detail, will alles wissen, alles im Griff haben, jede Theorie, jede Erkenntnis umsetzen. Und so gibt es auch keine Überraschungen, keine Wunder, keinen Zauber mehr. Wir können nicht mehr annehmen, was wir vorfinden. Viel Bauchgefühl geht verloren.

* Förderung ist wichtig. Und Kinder wollen auch gefördert werden. Aber die Grenze zur Überforderung ist schnell erreicht.

Zeit füreinander

Wie Ben Benningsen sich vorstellt, dass Erziehung Vorbereitung für das Leben ist und hilft, Probleme zu vermeiden.

Nach seinem letzten Besuch war Ben froh, dass nun eine ganz normale Familie auf seinem Programm stand: die Backes. Großvater Willi und seine Frau Lotte hatten ihm gut gefallen. Und jetzt wollte er Michael, Willi und Lottes Sohn, und dessen Frau Amelie mit den Kindern Danny, Timmi und Tina besuchen. Amelie war zwar Claudias Schwester, aber schon auf Margots Geburtstag hatte Ben das Gefühl gehabt, dass sie vollkommen anders war. Beide einte das Los, Margot zur Mutter zu haben. Aber die beiden Schwestern waren mal wieder ein Beweis dafür, wie unterschiedlich die Entwicklungen in ein und derselben Familie verlaufen konnten.

Die Familie Backes bewohnte eine Erdgeschosswohnung in einem Mehrfamilienhaus, zu der nach hinten hinaus ein kleiner Garten gehörte. Direkt nebenan im Hinterhof betrieb Michael

Backes seinen Fahrradshop *Mike's Bikes*. Das Geschäft mit der Reparaturwerkstatt war in einer alten kleinen Fabrikhalle untergebracht, einer ehemaligen Schinkenräucherei. Und Michael oder „Mike", wie ihn viele seiner Kunden nannten, hatte hier eine ganz besondere Atmosphäre geschaffen, der man anmerkte, dass er den Laden und seinen Job liebte. Große Grünpflanzen standen neben dem Eingang zur Ladenwerkstatt. In der Halle hatte er ein altes Sofa aus den Fünfzigerjahren aufgestellt mit einem Nierentisch davor. Und an einem zentralen Eisenpfeiler hing ein Fernseher. Michael hatte es sich hier richtig gemütlich gemacht. Kein Wunder, dass sein Laden nicht nur für Leute aus dem Viertel ein beliebter Treffpunkt war.

Und auch Ben fühlte sich hier gleich wohl. Ein entspanntes Gespräch unter Männern konnte vorab bestimmt nicht schaden. Vielleicht kam Michael ja nach seinem Vater Willi.

Michael begrüßte Ben tatsächlich in der gleichen lockeren, unkomplizierten Art.

„Ah, der Herr Benningsen", lachte er und klopfte ihm kumpelhaft auf die Schulter. „Schön, dass Sie sich heute schon mal umsehen."

Ben stutzte. „Aber das war doch so besprochen. Oder?"

„Morgen. Wir hatten uns für morgen verabredet."

Ben schaute in seinem Kalender nach. „Aber hatten wir nicht Mittwoch ausgemacht?"

„Schon!", lachte Michael. „Aber Mittwoch ist morgen."

Ben konnte es immer noch nicht glauben. „Wirklich?"

„Wo ist das Problem? Dann treffen wir uns eben heute", schlug Michael gelassen vor.

Ben Benningsen schüttelte schmunzelnd den Kopf. „Da habe ich meine Gedanken wohl wieder mal ganz woanders gehabt."

„Na ja, wie ein zerstreuter Professor eben so ist", grinste Michael.

„Kommen Sie mit Ihrem Erziehungs-Oscar denn gut voran?"

Ben atmete tief durch. „Na ja, das ist alles nicht so einfach."

„Da sagen Sie was!", gab ihm Michael recht. „Gerade war Hannes hier." Ben runzelte die Stirn.

„Na, Hannes Schmitz, der Privatdetektiv. Seine Frau Belinda ist Yogalehrerin. Die waren doch auch auf Margots Geburtstag. " Ganz dunkel erinnerte sich Ben an die Familie.

„Der hat mir wieder so eine Geschichte erzählt", fuhr Michael fort. „Hannes hat ja auch eine pubertierende Tochter wie unsere Tina und einen Sohn etwa im Alter von unserem Danny. Selina und Felix heißen die beiden."

Jetzt fiel der Groschen. „Felix? Der Felix mit der Zwille?"

Michael nickte. „Der hat es wirklich faustdick hinter den Ohren. Hannes' Frau war wirklich fertig. Bei dem Ding, das Belinda mit Felix passiert ist, hat ihr auch das Ausatmen durch ihr Chakra-Dingsbums nicht mehr geholfen."

Ben spitzte die Ohren. Und Michael begann zu erzählen: „Also der Felix hat wohl immer wieder mal Kämpfe mit Belinda, sie ist ja seine Stiefmutter. Er weiß genau, wie er sie zur Weißglut bringt. Zum Beispiel darf sie nicht in sein Zimmer, schon gar nicht, wenn er noch nicht angezogen ist. Er wird fuchsteufelswild, wenn sie ohne anzuklopfen eintritt. Und früher war das überhaupt nicht so."

„Na ja", bemerkte Ben. „Felix ist eben in der Vorpubertät.

Mit jedem Reifeschritt, den ein Kind vollzieht, verändern sich auch die Gefühle von Scham.

Ben Benningsen

„Mag sein", antwortete Michael. „Aber Felix hat wohl ganz blöde, gemeine Sprüche auf Lager."

„Was sagt er denn genau?", wollte Ben wissen.

Michael grinste. „Ziemlich frauenfeindliche Sachen. Aber da gehört noch eine Vorgeschichte dazu."

Ben schaute ihn aufmunternd an.

„Ja, also neulich, als er sich auf den Weg zur Schule machte, forderte er Belinda beiläufig auf, sie solle doch die schmutzige Wäsche aus seinem Zimmer holen. Das habe er vergessen. Und was glauben Sie, was die da gefunden hat, als sie das Durcheinander zusammengesammelt hat?"

„Ein Pornoheft?", mutmaßte Ben. Er klang wenig beeindruckt, denn solche Storys hatte er schon öfter gehört.

Michael nickte. „Jedenfalls erstarrte Belinda, schnappte sich die Hefte und zeigte sie später Hannes. Da fehlten ihr immer noch die Worte über die, wie sie es ausdrückte, ‚schrecklichen Bilder von Frauen mit großen Brüsten und gespreizten Schenkeln‘!"

„Was hat Hannes denn dazu gesagt?", wollte Ben wissen.

„Der blieb ganz cool", amüsierte sich Michael. „Hannes hat nur gesagt: ‚Das ist doch normal in diesem Alter. Das verwächst sich. Was meinst du, was wir alles angeschaut haben, als ich so alt war.‘ Ja, aber Belinda ließ das keine Ruhe. Sie hat Felix zur Rede gestellt. Wollte ihm klarmachen, dass sie das verletzt, weil diese Hefte Frauen zu reinen Sexualobjekten machen. Und sie hat ihn gefragt, ob er sich das mal genauer angeschaut hätte."

„Davon kann man ja wohl ausgehen", stellte Ben nicht ganz ernst gemeint fest.

„Na klar! Das hat Felix ihr auch geantwortet, und dann hat er geschwärmt: ‚Absolut geile Frauen! Richtig dicke Titten! So richtig zum Festhalten, wenn man drauufliegt.‘ Belinda war fertig."

Ben schmunzelte ein wenig, stellte sich die Situation vor. „Genau das wollte Felix wohl erreichen", meinte er.

„Mit Sicherheit. Denn er hat noch einen draufgesetzt und erklärt: ‚Frauen muss man es doch besorgen!‘ Und das bei der sanften Belinda! Die ist in Tränen ausgebrochen und rausgerannt."

„Und wie ging es weiter?", wollte Ben wissen.

„Später hat sich Felix bei ihr entschuldigt und dann hatten sie doch noch ein gutes Gespräch."

**Da hatte Felix seine yogaberuhigte Mutter
wohl richtig provoziert.
Klassisch für die beginnende Pubertät.**

Ben Benningsen

Ben schmunzelte bei dem Gedanken.

Und Michael fuhr fort: „Die Provokationen von Felix kriegt sonst
eher seine Schwester Selina ab. Wenn sie rumzickt, wirft er ihr
vor: ‚Du hast wohl deine Tage!‘ Oder er nennt sie nur ‚Schazi‘.“

„Das ist doch ein Kosename“, lachte Ben.

Michael schüttelte den Kopf. „Das ist kein Kosename! Das ist
überhaupt nicht lieb gemeint!“

„Wie sonst?“ Ben war irritiert.

Michael grinste: „Das heißt übersetzt ‚Schaf-Zicke‘!“

Ben runzelte die Stirn. „Ist das bei Ihren Kindern auch so?“

„Ganz so schlimm ist es nicht. Aber irgendwann ist die Pubertät
ja auch vorbei“, tröstete sich Michael.

„Sie haben ja noch länger was davon!“

„Wieso?“ Michael blickte ihn überrascht an.

„Na, wenn Tina und Danny es hinter sich haben, ist Ihr Timmi
dran. Und wer weiß, ob Sie dann nicht selbst in die dritte Pubertät kommen?“

„Na, Sie machen mir Spaß!“, lachte Michael.

„Ja, es ist doch so!“, stellte Ben fest.

**Bei der Pubertät wird es keinem der Beteiligten
je langweilig. Das ist das wahre Alltagsabenteuer.
Die Gefühle fahren Achterbahn:
Man weiß nicht, was richtig ist und was normal.**

Ben Benningsen

„Genau!", gab Michael ihm recht und zog belustigt seine Augenbrauen hoch. „Wie würde mein Vater jetzt sagen: ‚Jau, und irgendwann isses wieder gut.' Man darf es sich eben alles nicht so schwer machen. Immer locker bleiben. Das sag ich ja auch immer zu Amelie. Aber wenn man so mitten drinsteckt … dann haut das natürlich oft nicht hin."

Und Michael beugte sich vertrauensvoll zu Ben. „Geht Ihnen das nicht auch so? Ich meine, mit Ihren eigenen Kindern?"

„Na klar", erwiderte Ben und fragte zurück, wie er und Amelie sich eigentlich kennengelernt hätten.

Michael hatte Amelie vor 20 Jahren auf einer Freizeit an der Nordsee getroffen, bei einer Wattwanderung. Die Gruppe hatte sich verlaufen. Aber Michael hatte den Kompass seines Vaters dabei, so fand er den Rückweg. Er war der Held des Tages und hatte damit nicht nur die Gruppe gerettet, sondern auch Amelies Herz erobert. Auch bei ihm hatte es sofort gefunkt. Seitdem waren die beiden zusammen. Nach dem Abitur hatte Michael dann angefangen, Architektur zu studieren, das Studium aber abgebrochen, als Tina, das erste Kind, unterwegs war. Amelie und Michael wollten schon immer eine Familie gründen. Dass es dann so schnell ging, war eigentlich nicht geplant, aber auch kein Drama. Damals begann Michael in diesem Fahrradladen zu arbeiten. Später hatte er ihn übernommen, runderneuert, ihm seine persönliche Note gegeben und einen neuen Namen: *Mike's Bikes*.

„Wissen Sie, Herr Benningsen, mir ist meine Familie wichtiger als jede Karriere", erklärte Michael.

Was habe ich davon, wenn ich einen dicken Schlitten fahre und in einer Luxusvilla wohne, meine Familie aber nur im Urlaub sehe?

Michael Backes

„Jau!", stimmte Ben ihm nach Willi-Art zu.

„Amelie hat heute wieder einen Job angenommen.
Das wollten wir jetzt gleich ein bisschen feiern.
Dazu sind Sie natürlich herzlich eingeladen!"

„Passt es denn jetzt?", erkundigte sich Ben höflich.
„Sonst komme ich wie besprochen morgen wieder."

Aber Michael zerstreute seine Bedenken, machte seinen Laden
dicht und ging mit Ben nach nebenan.

Als sie vor der Eingangstür standen, rief er laut: „Liebes, ich habe
eine Überraschung für dich!"

„Ich auch, Liebelein!!!", ertönte Amelies lockende Stimme aus
der Wohnung.

Michael und Ben staunten, als sie den Flur betraten. Eine Spur
aus Rosenblättern wies den Weg ins Wohnzimmer.

„Ja, Amelie liebt Blumen wirklich sehr! Ich bin so froh, dass das
mit der Stelle geklappt hat!", sagte Michael, zu Ben gewandt.
Der nickte kurz. Aber irgendwie ahnte er, dass da mehr dahinter-
steckte. Denn ein Duft von Räucherkerzen zog durch die Wohnung und verbreitete eine sinnliche Atmosphäre. Und als jetzt
auch noch die ersten Töne von Ravels *Bolero* erklangen, bekam
Ben immer mehr das Gefühl, dass diese Feier für einen äußerst
privaten Rahmen gedacht war.

Aber Michael winkte ihn unbedarft weiter. Da halfen Bens
linkische Proteste und die bange Frage, ob er nicht doch besser
gehen sollte, gar nichts. So betrat er mit Michael das Wohnzimmer. Und jetzt wurde auch dem Ehemann plötzlich klar, dass
Amelie sich unter „feiern" etwas ganz Besonderes vorstellte.
Das Wohnzimmer war in schummriges Licht getaucht, das aus
vielen Kerzen und orientalischen Laternen kam. Wie ein Diwan
aus Tausendundeiner Nacht war die Sitzgruppe zu einem
riesigen Bett zusammengestellt, darüber waren Tücher als
Himmel drapiert, jede Menge Kissen luden zum Kuscheln ein.
Amelie selbst präsentierte sich in einem Bauchtanzkostüm.

Michael und auch Ben fiel die Kinnlade herunter. Sie stand mit
dem Rücken zu ihnen und bewegte ihre Hüften zur Musik.
Sicher war der *Bolero* keine klassische Bauchtanzbegleitung, aber
Amelie schien das Ganze auch mehr als Auftakt anzusehen, sozusagen als Vorspiel zum Vorspiel. Der Rhythmus wurde intensiver.
„Na, Liebelein, hast du Lust, mit mir zu feiern?", fragte Amelie
verführerisch und drehte sich langsam um. Sie konnte es gar
nicht erwarten, in die glänzenden Augen ihres Mannes zu
blicken. Doch da stand … Ben Benningsen!
Wäre eine alte Vinylplatte gelaufen, hätte diese augenblicklich
einen Sprung bekommen. So groß war der Schreck, der Amelie
ergriffen hatte. Aber nicht nur sie wurde knallrot, auch Michael
erstarrte. Verzweifelt suchte er nach den richtigen Worten.
Ben ruderte hilflos mit seinen Armen. „Tut mir leid, tut mir wirklich leid", entschuldigte er sich in einem fort. „Eigentlich wollte
ich ja auch schon gehen. Entschuldigung! Ich bitte vielmals um
Entschuldigung! Also es tut mir wirklich so leid!"
Michael und Amelie schauten sich in die Augen … und …
fingen an zu lachen. Sie lachten und lachten. Alle Peinlichkeit
war fortgewischt. Michael erzählte Amelie von Bens Termin-
verwechslung. Und Amelie erzählte ihm, dass sie die Kinder extra
zu den Großeltern gebracht hatte und ihn überraschen wollte.
Und diese Überraschung wäre ihr ja nun auch wirklich gelungen.
Ben versuchte noch ein letztes Mal, sich zurückzuziehen. Aber
das kam für Amelie nicht in Frage. Sie hatte sich schon so auf
Bens Besuch gefreut. Amelie und Michael waren einer Meinung,
dass sie die orientalische Zweisamkeit auch ein andermal nachholen könnten. Und so nahmen Michael und Ben schon mal auf
dem Diwan Platz, Amelie tauschte ihr Bauchtanzkostüm gegen
ein bequemes Kleid und setzte sich dazu. Dann starteten sie ihre
Plauderrunde in Sachen Familie.
Es war nicht verwunderlich, dass sie ganz schnell beim Thema
Sex waren. Amelie ergriff das Wort.

Ich finde es schon wichtig, dass Eltern ihre ungestörten Freiräume haben, auch wenn das manchmal nicht einfach ist.

Amelie

Und sie erinnerte sich an eine Geschichte, die sie mit ihrem Timmi erlebt hatte.

„Jetzt können wir drüber lachen", meinte Amelie. „Aber im ersten Moment habe ich schon einen Schock bekommen."

„Wieso das denn?", erkundigte sich Ben.

„Na ja, ich möchte Sie mal erleben, wenn Sie in den Kindergarten kommen, die Erzieherin bittet Sie zu einem Gespräch und eröffnet Ihnen, Ihr Sohn hätte erzählt, Papa wolle Mama umbringen!"

„Das hat Timmi behauptet?", fragte Ben ungläubig.

Michael und Amelie nickten.

„Und das hat er der Erzieherin einfach so erzählt?"

„Ja", bestätigte Amelie. „Sie ist auf ihn aufmerksam geworden, weil er sie dauernd umkreist hat. Und als sie ihn gefragt hat, ob irgendetwas wäre, da hat er das ganz ernsthaft behauptet."

Papa will Mama umbringen.

Timmi

„Die Erzieherin hat es erst nicht geglaubt und gesagt, er soll nicht solche Schauermärchen erzählen. Dann hat sie ihn wieder zum Spielen geschickt."

„Und hat er gespielt?", wollte Ben wissen.

„Oh ja", mischte sich Michael ein. „Mit dem Schaukelpferd hat er gespielt. Er setzte sich drauf, presste es fest zwischen seine Beine, schaukelte total wild, steigerte sich immer weiter rein, bis sein Kopf ganz rot wurde, und rief: ‚Ich mach dich fertig!'"

Ben begann zu verstehen. „Und wie ist das ausgegangen?"
„Also, ich habe Timmi dann im Kindergarten zu mir geholt",
nahm Amelie den Faden auf. „Und habe ihn gefragt, wie er
darauf kommt, so etwas zu erzählen. Ja und dann rückte er mit
der Sprache raus. Mit ganz großen Augen hat er mich angeschaut
und mir vorgeworfen: ‚Neulich hast du auf Papa gesessen und
hast nur Ja! Ja! gesagt. Du hast mich gar nicht gehört. Und
Papa hat gesagt: Ich mach dich fertig! Und du hast ganz laut
gestöhnt: Mach's! Und ich hab mir die Ohren zugehalten,
weil ich dachte, du stirbst.'"
Michael strich seiner Frau liebevoll über den Rücken.
„Ja, ich kann mir gut vorstellen, dass man da sprachlos ist."
„Ich wär am liebsten im Boden versunken", gestand Amelie.
„Und dann fiel mir ein, dass Timmi später in dieser Nacht zu mir
gekommen war und sein Ohr an meinen Mund gelegt hatte. Ich
fragte ihn, warum. Da kuschelte er sich an mich und meinte: ‚Ich
wollte nur hören, ob du noch atmest.' Da habe ich ihn ganz fest
in den Arm genommen und einfach nur gedrückt, habe ihn auf
die Stirn geküsst und ihm gesagt: ‚Ich hab dich lieb.'"
„Aber es ging ja noch weiter …", bemerkte Michael.
„Ja, Timmi fragte dann, ob der Papa, also Michael, mich wirklich
umbringen wollte. Was sollte ich sagen?"
Ben schaute sie gespannt an. „Was haben Sie gesagt?"
Amelie zuckte entschuldigend mit den Schultern: „Ehrlich gesagt,
habe ich erst gar nichts antworten können. Tausend Gedanken
schossen mir durch den Kopf. Ich wollte doch auf keinen Fall
etwas Falsches sagen. Und dann sah Timmi mich plötzlich ganz
ernst an und antwortete selber: ‚Mama, du hast mit Papa Schaukelpferd gespielt, stimmt's? Und das hat Spaß gemacht, nicht?'"
Ben lachte und steckte Amelie an.
„Herr Benningsen, ich war so erleichtert! Ich habe zu Timmi
gesagt: ‚Ja, es hat Spaß gemacht!' Und damit war er zufrieden!
Da habe ich gemerkt: Man muss gar nicht so viel erklären."

Michael nickte. „Und manchmal ist man dann erstaunt, dass die Kinder schon mehr wissen, als man denkt. Erinnerst du dich noch an die Geschichte mit Danny?", fragte er seine Frau.

„Welche meinst du?"

„Na, es war etwa vor einem Jahr. Da ist er doch mal mitten in der Nacht in unserem Schlafzimmer aufgetaucht."

„Ach du liebe Güte, ja!", erinnerte sich Amelie.

„Wir haben es erst gar nicht gemerkt, weil wir … na ja, wir waren mit uns beschäftigt."

„Das hört sich so an, als ob Sie ihn wirklich nicht erwartet hätten", scherzte Ben.

„Ne, wirklich nicht!", bestätigte ihn Michael. „Ehrlich gesagt hatten wir gerade richtig guten Sex, also waren so richtig ineinander verschlungen. Da hören wir plötzlich eine Stimme neben uns."

„Das war Danny", ergänzte Amelie.

Sie gab Michael mit einem Wink zu verstehen, dass er weitererzählen solle.

„Und Danny fragte kurz und trocken: ‚Was macht ihr da?'"

In Erinnerung daran hielt Amelie sich die Hände vor die Augen und schüttelte Kopf.

„Was macht ihr da?", wiederholte sie und warf Ben amüsierte Blicke zu.

Ben kommentierte: „Eigentlich eine einfache Frage. Aber in dem Augenblick wahrscheinlich schwer zu beantworten."

„Ich hab nur einen riesigen Schreck bekommen."

Michael nahm Amelies Hand und drückte sie.

„Aber dann mussten wir einfach lachen."

„Und was hat Danny gemacht?", wollte Ben Benningsen wissen.

„Der blieb hartnäckig", erzählte Michael, „hat noch mal gefragt: ‚Was macht ihr da?'"

„Und? Haben Sie es erklärt?"

„Ja, da hatten wir zusammen ein ganz gutes Gespräch."

Amelie lehnte sich vertrauensvoll an ihren Mann.

Wir haben versucht, nicht alles zu sagen, das Schöne nicht zu zerreden. Es sollen noch Geheimnisse übrig bleiben.

Amelie

Und Michael fuhr fort: „Wir sind einfach bei Dannys Fragen geblieben, ich denke, so haben wir ihn nicht überfordert."
„Und uns auch nicht", ergänzte Amelie.
Michael zwinkerte ihr liebevoll zu. „Und ins Zimmer kommt Danny auch nicht mehr unangemeldet. Er klopft jetzt an. Darum hatte ich ihn schon in der Nacht gebeten."
„Ja!", kicherte Amelie. „Und das hat er dann direkt auch gemacht."
Ben zog erwartungsvoll die Augenbrauen hoch. „Direkt? Das heißt in dieser Nacht noch?"
Michael lächelte und fuhr fort: „Ein paar Minuten später war es. Es klopfte, und wir riefen: ‚Herein!' Danny öffnete die Tür einen Spalt, steckte den Kopf ins Zimmer und hatte einen ziemlich coolen Spruch auf Lager."

Eine Frage hätte ich noch! Hat Papa wenigstens ein Kondom benutzt?

Danny

„Erst waren wir verblüfft, dann haben wir losgeprustet."
„Ja, das war pädagogisch wahrscheinlich nicht so qualifiziert", stellte Amelie fest, wandte sich dann an Ben: „Aber wie geht man am besten damit um, wenn die Kinder mit Fragen zur Sexualität kommen?"
Ben Benningsen dozierte ein wenig: „Fragen zur Sexualität fordern Eltern, manchmal überfordern sie sie auch – vor allem, wenn man meint, auf alle Fragen eine Antwort wissen zu müssen.

Fragen der Kinder bringen Überraschungen mit sich – auch
Unsicherheit und Hilflosigkeit. Dies ist normal, alles andere wäre
unüblich.

**Kinder haben den Anspruch auf Menschen –
nicht auf pädagogische Roboter,
die ständig wissen, wie man erzieht.**

Ben Benningsen

Die verschiedenen Situationen, die sich aus den Fragen und
dem Handeln der Kinder ergeben, erfordern ganz individuelle
Lösungen. Patentrezepte gibt es nicht."
Amelie und Michael waren beruhigt. Dann fiel Amelie plötzlich
ein, dass sie Timmi und Danny ja noch von den Großeltern
abholen mussten. Das brachte Ben auf eine Idee. Er schlug vor,
dass er das übernähme. Und er würde sich auch Zeit lassen, ver-
sprach er mit vielsagendem Blick.
„Wär doch schade, wenn die ganze Dekorationsarbeit umsonst
gewesen wäre."
Michael nahm Amelie in den Arm und meinte: „Ja, das Angebot
nehmen wir doch gerne an. Was meinst du, Liebes?"
Amelie nickte fröhlich.
„Ja, dann lasse ich mir am besten extra viel Zeit!"
Dann ließ er die beiden allein und machte sich auf den Weg zu
Willi und Lotte.
Michaels Eltern wohnten in einem kleinen Reihenhäuschen am
Stadtrand. Als Ben Benningsen bei Willi und Lotte ankam, freute
er sich richtig, sie wiederzusehen. Lotte öffnete die Tür.
„Ah, Ben! Willst du auch mitspielen?", erkundigte sie sich lachend.
„Ich bin das Taxi für Danny und Timmi", erklärte er.
„Na, die beiden sind wohl noch ganz dabei!"
„Wobei?", fragte Ben verwundert.

Lotte führte ihn nach hinten in ein Zimmer, das ursprünglich mal Michaels Kinderzimmer gewesen war. Jetzt gehörte es ganz und gar Willis zweitem Hobby nach der Seefahrt: einer riesigen Modelleisenbahn.

Und die Modellanlage, die hier aufgebaut war, ließ nicht nur jedes Kinderherz höher schlagen. Auch Bens Augen leuchteten. Er fühlte sich plötzlich in seine Kindheit zurückversetzt. Er hatte mit seinem Vater auch immer Eisenbahn gespielt. Aber noch schöner als das Spielen war eigentlich das Basteln der Landschaften gewesen: die Häuser, die von innen beleuchtet waren, Wasserfälle aus Silberpapier, die von künstlichen Felsen fielen, und dann die Brücken! Hier war es immer eine Zitterpartie, ob sie wirklich hielten, wenn die Züge darüberfuhren. In diesem Moment erinnerte sich Ben wieder daran, dass all diese Schätze noch in Kartons in seinem Keller lagerten.

Jedenfalls stand Willis Eisenbahn der von Ben in nichts nach. Im Gegenteil, sie war in Vielem noch ausgetüftelter. So gab es funktionsfähige Kräne und einen Lokschuppen mit Schiebebühne. Das sagte Ben sein Kennerblick sofort.

Mit großem Hallo wurde er willkommen geheißen. Außer Danny und Timmi war auch Malte da, der jüngste Sohn von Jacqueline Hausmann. Willi beschäftigte sie alle: Danny durfte den Trafo bedienen, Timmi stellte die Weichen, und Malte überwachte die Signalanlagen.

„Jau, der Ben! Das ist fast so schön wie Bootfahren, was!", strahlte Willi. „Alles Handarbeit! Lotte hat sogar Gardinen für die Häuser genäht!"

„Ach, Willi, das sind nur kleine Stoffstücke. Die musste ich doch gar nicht nähen", berichtigte ihn Lotte bescheiden.

„Egal. Sieht aus wie genäht!", stellte Willi stolz fest.

„Das haut mich wirklich um", staunte Ben.

Willi klopfte ihm wohlwollend auf die Schulter. „Wie sieht's aus? Spielste eine Runde mit? Das ist besser, als seine Nase immer nur

in Bücher zu stecken und sich den Kopf über Pädagogik zu zer-
brechen!"

Ben zögerte ein wenig. „Na ja, eigentlich wollte ich nur Danny
und Timmi abholen."

Aber dann dachte er an Michael und Amelie, überlegte es sich
anders und meinte: „Aber es macht gar nichts, wenn wir uns ein
wenig Zeit lassen."

„Jau, das ist doch mal ein vernünftiges Wort!", lobte ihn Willi.
Timmi und Danny klatschten sich begeistert ab.

**Sich Zeit lassen! Das sollten sich auch all die
hektischen Eltern mal hinter die Ohren schreiben!**

Willi

„Willi, jetzt lass man gut sein", besänftigte ihn Lotte. „Heute ist
die Zeit insgesamt viel hektischer. Da kommste doch gar nicht
mehr nach."

„Dann musst du das Signal eben mal auf Rot stellen", befand
Willi. „Und durchatmen. Immer nur im ICE-Tempo …" Er ver-
zog skeptisch das Gesicht. „Ne, dann haste kein Hirn mehr im
Kopf, sondern ein Karussell! Oder was sagst du, Ben?"

„Ich gebe dir recht, Willi! Die Zeit ist das wahre Gold unserer
Gegenwart."

„Junge, das klingt ja fast poetisch – oder heißt das pathetisch?"
Willi winkte ab. „Egal. Jetzt wird gespielt. Du darfst den Trafo
mit bedienen." Er schaute Danny fragend an. „Wenn du damit
einverstanden bist?"

„Klaro", stellte Danny fest.

„Du darfst auch das Signal schalten!", schlug Malte Ben vor und
zog ihn zu sich her.

„Ist das in Ordnung, wenn ich erst eine Runde beim Trafo
bleibe?", fragte Ben zurück. Malte nickte.

Ben zog seine Schuhe aus, weil er registrierte, dass alle anderen Hausschuhe trugen. Lotte winkte ab. Aber Ben ließ es dabei.

Da fiel Willi auf, dass Ben Benningsen zwei verschiedenfarbige Socken trug. Auch Lotte hatte es bemerkt. Sie wechselten einen Blick.

Dann begann die große Modelleisenbahn-Spielrunde. Ben ging ganz und gar darin auf. Er strahlte mit den Jungs um die Wette. Irgendwann klingelte es. Lotte ging, um aufzumachen.

„Malte, schau mal, wen ich mitgebracht habe!", kündigte Lotte die Besucherin an. Es war Jacqueline Hausmann, die ihren Sohn abholen wollte. Malte nahm kaum Notiz von seiner Mutter. Aber Ben! Er sprang ungeschickt auf, kam ins Wanken und hielt sich mit einer Hand an der Eisenbahnplatte fest, direkt neben einer kleinen Feuerwache. Ein ohrenbetäubender Alarm ging los. Alle schauten sich erschreckt an. Nur Willi blieb ruhig.

„Jau! Der Alarm klingt echt, was? Habe ich gut hingekriegt, oder? Den habe ich neulich erst eingebaut. Lotte kennt ihn auch noch nicht!"

Lotte war kreidebleich. „Ne, Willi! So was musste mir doch sagen!"

Souverän stellte Willi den Alarm ab.

„Tut mir leid", entschuldigte sich Ben atemlos.

„Na ja, Männer des Geistes haben ja oft zwei linke Hände", bemerkte Jacqueline und grinste Ben provozierend an. „Das scheint ja fast zur Gewohnheit zu werden, dass wir uns begegnen."

Ben Benningsen hatte das Gefühl, er müsse sich rechtfertigen, und erklärte: „Ja, ich sollte Danny und Timmi abholen."

Jacqueline stutzte: „Aber ich hatte Amelie doch gesagt, dass ich sie mitnehme. Merkwürdig. Das scheint sie vergessen zu haben."

Das wunderte Ben nicht. Und als Jacqueline hinzufügte: „Wahrscheinlich hat Amelie den Kopf mit anderen Dingen voll gehabt!", konnte Ben ihr nur schmunzelnd recht geben.

Dann reichte Jacqueline Malte die Hand.

„So, Spatz! Jetzt komm, es ist ja schon spät!"

Aber Malte fand das gar nicht und weigerte sich standhaft, seinen Platz zu verlassen. Jacqueline redete ihm gut zu. Aber nichts nutzte. Als ihre Stimme schließlich lauter und energischer wurde, machte Malte es ihr nach und steigerte sich dabei immer weiter rein. „Ich will aber nicht!", kreischte er.

Jacqueline hielt inne, wandte sich an Ben und fragte ihn: „Na, Herr Benningsen. Wie würden Sie das jetzt regeln?"

„Ich will aber noch Eisenbahn spielen!", quengelte Malte wieder.

Da beugte Ben sich zu ihm herunter und flüsterte ihm etwas ins Ohr.

Maltes Augen leuchteten. „Ehrlich?", fragte er. Ben nickte.

„Na gut, Mami, dann geh ich mit."

Jacqueline sah erst ihren Sohn, dann Ben mit großen Augen an. „Was haben Sie zu ihm gesagt?", wollte sie wissen.

„Das ist unser Geheimnis!" Verschwörerisch zwinkerte er Malte zu. Doch dann versprach er Jacqueline: „Ich verrate es Ihnen zu gegebener Zeit."

Und Malte nickte. Jacqueline war das Ganze nicht geheuer. Sie nahm Malte an der Hand, verabschiedete sich herzlich von Willi und Lotte.

„Und morgen ist der Professor bei Ihnen?", fragte Willi Jacqueline.

Sie glaubte, nicht richtig zu hören, und schüttelte energisch den Kopf.

„Doch!", behauptete Malte sehr bestimmt.

Jacqueline sah ihren Sohn erstaunt an: „Was erzählst du denn da?"

„Das haben wir so abgemacht."

„Ohne mich zu fragen?"

„Keine Bange, er ist ganz verträglich", bemerkte Willi.

Ben schaute ihn verblüfft an. Er begriff nicht so recht, was hier gerade vor sich ging. Denn nun tätschelte Willi Jacqueline auch noch beruhigend die Hand.

„Also ich glaube sogar, der Herr Benningsen kann von Ihnen noch sehr viel lernen."

„Der weiß doch schon alles!", wehrte Jacqueline ab.

„Alles nicht", bemerkte Willi. „Deswegen sollten Sie ihm die Chance geben, noch dazuzulernen. Und wer weiß, vielleicht bekommen Sie ja sogar diesen Dings ... diesen ...“

„Erziehungs-Oscar!", ergänzte Lotte.

Willi nickte.

„Den brauche ich nicht", wehrte sich Jacqueline. „Hauptsache, es geht mir und meinen Kindern gut."

Dann lächelte sie und schaute Ben versöhnlich an. „Aber meinetwegen. Dann kommen Sie morgen vorbei."

„Gerne", erwiderte Ben nur. „Sehr gerne."

Jacqueline winkte Danny und Timmi noch kurz zu. Dann machte sie sich mit Malte auf den Heimweg.

Ben schaute ihr nach und atmete tief durch. Willi beobachtete ihn. Er zog Ben zur Seite.

„Ich glaube, jetzt ist der Punkt gekommen, an dem wir beide mal was bereden müssen."

Ben blickte verwirrt drein.

„Habe ich etwas kaputt gemacht? Das mit dem Feueralarm war wirklich nicht beabsichtigt!", verteidigte er sich. „Und überhaupt entschuldige ich mich für alles, was ich vielleicht angestellt habe."

„Jetzt ist es aber gut", amüsierte sich Willi. „Aber wenn du dich für etwas entschuldigen willst, dann wüsste ich was."

Er sah Ben Benningsen vielsagend an. Der Schalk saß ihm dabei im Nacken. Ben wusste nicht, wie ihm geschah. So wirklich war er sich eigentlich keiner Schuld bewusst.

Willi deutete auf seine verschiedenfarbigen Socken.

„Die haben uns draufgebracht. Lotte hatte schon dieselbe Vermutung."

Ben fiel die Kinnlade herunter. Dabei sah er aus, als ob sein Intelligenzquotient geringer wäre als die Raumtemperatur. Er kapierte jetzt überhaupt nichts mehr. Doch dann stellte Willi die nächste Frage. Und damit traf er direkt ins Schwarze: „Sag mal", begann er ganz harmlos, „gehe ich recht in der Annahme, dass du gar keine Frau hast?"

Diese Formulierung hatte sich Willi bei einer Fernsehquizsendung abgeschaut. Und er wandte sie nur in ganz besonderen Fällen an. Dies war für ihn so ein Fall.

Ben stieg vor Schreck das Blut in den Kopf.

Er tat so, als habe er nicht ganz verstanden.

„Äh! Wie war doch gleich die Frage?"

Willi grinste.

„Genau wie unser Michael, wenn er etwas angestellt hat. Aber Junge, hier geht es nicht um einen Lausbubenstreich", redete er Ben ins Gewissen. „Diese Sache ist wirklich ernst."

„Aber es war wirklich nicht meine Idee", verteidigte sich Ben nun kleinlaut. „Mein Verleger wollte das so. Er ließ mir quasi keine andere Wahl."

„Jau. Aber jetzt wird es Zeit, dass du eine andere Wahl triffst und mit diesem ‚Quasi-Leben' aufhörst." Willi wurde nun schon beinahe sauer.

„Ja, ja!" Ben wollte ausweichen. „Zu gegebener Zeit mache ich da mal reinen Tisch."

„Junge, ich rate dir nur, geh in dich und finde heraus, wann diese Zeit ist. Und ich rate dir noch was: Warte nicht zu lange! Denn eins ist dir ja wohl klar: Jacqueline Hausmann denkt, du bist verheiratet!"

„Jacqueline Hausmann? Was hat die denn damit zu tun?"

„Oh ne!", stöhnte Willi. „Hast du vor lauter Büchern den Blick fürs wahre Leben vergessen?"

Dann kam ihm eine Idee. „Ich will mal so sagen … mach doch mal ein bisschen Recherche oder wie das Zeugs heißt."

„Recherche. Das ist richtig", bestätigte Ben, glücklich darüber, dass er wenigstens hier durchblickte.

„Jau, dann recherchier mal im eigenen Interesse. Und das glaube ich so fest, wie ein neues Tau nur sein kann ... wenn du erkennst, was Jacqueline Hausmann damit zu tun hat, dann weißt du auch, wann die Zeit gekommen ist, reinen Tisch zu machen."

„So?", entfuhr es Ben nur. Er war sehr verwirrt.

„Ich rate dir, werd mal aktiv bei der Frau", wurde Willi deutlicher.

Ben warf sich in die Brust: „Du meinst, ich sollte vielleicht Salsa tanzen lernen? In der Richtung hab ich schon was unternommen."

Er hatte nämlich am Tag zuvor tatsächlich eine private Tanzlehrerin engagiert, die schon bald regelmäßig zu ihm kommen sollte.

„Ob mit oder ohne Salsa! Pack's an!" Und Willi klopfte Ben ermutigend auf den Rücken. „Das wird schon! Jeder Topf findet sein Deckelchen."

Lotte brachte die beiden Jungs. Sie hatten ihre Jacken schon an.

„Ich glaube, ihr solltet dann besser fahren", schlug sie vor. „Sonst wird es zu spät für die beiden."

Ganz in Gedanken verabschiedete sich Ben von Willi und Lotte und machte sich mit Timmi und Danny auf den Heimweg zu dem anderen Teil der Backes-Familie.

Während der Autofahrt musste er immerzu an das denken, was Willi ihm gesagt hatte. Und so antwortete er auf das Geplapper der Jungs nur mit „Hm", „Prima!" oder „Hört sich gut an". Das funktionierte, solange sie von ihrem Eisenbahnspiel schwärmten. Aber dann meinte Timmi: „Das nächste Mal will ich an den Trafo."

„Nein", erwiderte Danny gereizt. Und prompt drohte sein Bruder: „Dann hau ich eben alles kaputt!"

Als Ben auch hierauf völlig abwesend mit einem „Prima! Ganz prima!" reagierte, war er ertappt.

„Mann, du hörst ja gar nicht zu!", beschwerte sich Danny.

Einem ersten Impuls folgend, wollte Ben ihn mit einem „Doch, sicher!" abspeisen. Aber dann erinnerte er sich daran, dass es besser ist, ehrlich zu Kindern zu sein. Also gab er zu:

„Tut mir leid. Mir gehen gerade so viele Dinge durch den Kopf."

„Findeste Jacqueline Hausmann etwa gut?", erkundigte sich Danny unvermittelt.

Ben Benningsen traf diese Frage unvorbereitet. Er half sich mit einer Methode, die auch sonst in solchen Fällen gut funktionierte. Er stellte eine Gegenfrage. „Wie findest du sie denn?"

„Cool", erklärte Danny und nickte, um seine Aussage zu verstärken.

„Supercool!", mischte sich Timmi ein.

„Ah ja!", erwiderte Ben und wurde noch nachdenklicher.

Als sie kurz drauf wieder bei Backes waren und vor der Tür standen, flüsterte Timmi: „Hoffentlich schlafen Mama und Papa noch nicht!"

Ben lächelte und dachte: „Hoffentlich nicht mehr!"

Als Michael die Tür öffnete, war Ben Benningsen jedoch sofort klar, dass Sorgen in dieser Hinsicht wirklich ganz und gar unbegründet waren. Denn im Hintergrund hörte er Margots Stimme: „Kind, du kennst mich doch! Ich will wirklich nur dein Bestes!"

„Oh, da ist ja neuer Besuch?", stellte Ben überflüssigerweise fest.

„Oma! Oma!", riefen die Jungs und liefen zu Margot.

Michael zuckte mit den Schultern.

„Ja, meine Schwiegermutter hatte mal wieder das richtige Gefühl für das falsche Timing gehabt."

Ben Benningsen nickte amüsiert. Er sah, dass Michael auch zwei verschiedene Socken anhatte.

„Vielleicht sollte ich Willi mal aufklären, dass es auch andere Gründe für verschiedenfarbige Socken geben kann", dachte Ben. Dann folgte er Michael ins Wohnzimmer.

Margot stürzte gleich auf ihn zu und empfing ihn mit den Worten: „Ben, schön, dass du da bist! Was sagst du dazu?"

Ben Benningsen schaute Amelie und Michael irritiert an. Für einen kurzen Moment glaubte er, Margot verlange ein Statement zu Amelie und Michaels ehelichen Aktivitäten.

„Tina ist noch nicht zu Hause. Und Margot hat Sorgen, weil sie so lange weg ist", erklärte Amelie leicht genervt die Situation.

„Ah ja", bemerkte Ben.

„Also ich finde, das geht nicht", stellte Margot klar. „Gerade ein Teenager braucht klare Ansagen und Grenzen." Und dann blickte sie Amelie streng und vorwurfsvoll an. „Ich finde, ihr seid da viel zu weich! Hab ich nicht recht, Ben?"

Ben wollte gerade antworten und Margots Aussage abmildern, da klingelte es.

„Da ist sie ja!", atmete Amelie auf. Danny lief zur Tür, um sie zu öffnen. Und dann hörte man ihn aus dem Flur rufen: „Papa, komm mal! Tina ist verhaftet worden!"

Alle eilten zu Haustür. Ein Polizist stand im Eingang, neben ihm Tina. Schuldbewusst starrte sie auf den Boden. Michael bat den Beamten herein. Tina folgte.

„Tina Backes. Ist das Ihre Tochter?", fragte der Polizist und deutete auf das verängstigte Mädchen an seiner Seite.

„Ja", erklärte Michael, und er gab sich Mühe, dabei gelassen zu bleiben: „Was ist denn passiert?"

Margot stand fassungslos da. Sie hatte die Hand entsetzt vor ihren Mund geschlagen. Als wollte sie den Schrei, den sie vor Schreck am liebsten ausgestoßen hätte, zurückhalten.

Der Polizist schaute Tina ernst an und erklärte Michael: „Sachbeschädigung. Ihre Tochter hat mit anderen zusammen Wände mit Sprühfarbe beschmiert. Das wird Sie teuer zu stehen kommen. Also wenn das meine wäre, würde ich diesem Schmierfinken gehörig Bescheid sagen."

Margot hatte sich ein wenig gefangen und raunte Amelie vorwurfsvoll zu: „Mein Gott, ist das peinlich. Ihr müsst euch sofort entschuldigen!"

Amelie winkte ab und antwortete: „Michael macht das schon!"

Margot zuckte nur ungläubig mit den Schultern.

Tina hatte sich inzwischen immer weiter zu Ben herangepirscht.

„Helfen Sie mir! Jetzt krieg ich einen Megaanschiss!", flüsterte sie ihm zu.

Da ging Michael auf den Polizisten zu und stellte mit fester Stimme klar: „Erstens ist meine Tochter kein Schmierfink, sondern eine Graffitikünstlerin. Zweitens entscheide ich, wie ich das mit ihr regele, und drittens wünsche ich Ihnen noch einen schönen Abend!"

Der Polizist konnte kaum glauben, was er da hörte.

„Papa!", rief Tina erstaunt dazwischen. Sie schaute ihren Vater dankbar an.

„Sie müssen es ja wissen", gab der Beamte zurück. „Aber rechnen Sie damit, dass man Schadensersatz fordert. Und möglicherweise auch mit einer Anzeige wegen Sachbeschädigung."

„Wir haben einen Anwalt in der Familie", stellte Michael sachlich fest.

Der Polizist nickte noch kurz, tippte an seine Mütze und verabschiedete sich.

„Wo haben wir denn einen Anwalt in der Familie?", fragte Margot erstaunt nach.

„Na, Claudias Denis ist doch Anwalt", antwortete Amelie.

„Na ja, aber von wegen Familie! Die beiden sind ja noch nicht einmal verheiratet", meckerte Margot.

„Herrgott, du hast aber auch immer etwas auszusetzen!", fuhr Amelie sie entnervt an. „Wir leben in einer anderen Zeit. Heute wird halt nicht gleich immer geheiratet."

„Das mag ja sein", gab Margot zu. „Aber richtig ist das nicht. Also, wenn ihr meine Meinung dazu hören wollt …"

„Nein, Margot, das wollen wir jetzt nicht", schnitt Michael ihr das Wort ab. „Wir haben gerade andere Probleme."

Und Amelie stellte klar: „Vor allem sind wir jetzt einfach froh, dass unserer Tina nichts passiert ist."

Michael nickte, schaute seine Tochter an, und dann entschlüpfte es ihm: „Was musst du dich auch erwischen lassen!"

Schließlich nahm er die sichtlich verzweifelte Tina in den Arm, zog sie beiseite. Sein Blick wurde sehr ernst.

„Papa! Was ist?" So hatte Tina ihren Vater noch nie gesehen.

„Tina!", ermahnte Michael sie eindringlich. „Tina, das war nicht in Ordnung. Das war richtig Scheiße!"

Er atmete tief aus. Moralpredigten waren nicht seine Sache.

Tinas Atem ging schneller, sie presste ihre Lippen zusammen. Ihre Augen füllten sich mit Tränen.

„Ich will mit dir jetzt nicht darüber reden. Aber morgen müssen wir es tun!" Michael überlegte: „Und dann denken wir nach, wie du das wiedergutmachen kannst mit dieser Schmiererei …!"

„Das ist Kunst!", protestierte Tina leise.

„Okay, wie du das wieder rückgängig machen kannst mit deiner Kunst."

„Es tut mir leid, Papa", flüsterte Tina weinend.

Michael legte ihr die Hand auf den Kopf und lächelte beruhigend: „Und eins ist ja wohl klar … egal, was du tust! Du bist und bleibst unsere Tina!"

Und Tina schluchzte: „Danke, Papa, du bist klasse!"

Dann gingen sie zu den anderen zurück. Jetzt umarmte Tina auch ihre Mutter, sagte leise zu ihr: „Ich hab euch so lieb!"

Und Amelie bekam ebenfalls feuchte Augen, sie blickte zu Ben.

> **Ein Kind ist ein Geschenk, das man vielleicht manchmal gerne zurückgeben würde. Aber Kinder zu haben ist einfach wunderbar!**
>
> *Amelie*

Alle waren zufrieden. Nur Margot schwieg verbissen. Mit spitzer Stimme schlug sie schließlich vor: „Ben, würde es dir etwas ausmachen, mich mitzunehmen, wenn du nach Hause fährst? Und ich würde mich freuen, wenn das bald wäre."

Margot Lühnefeldt wollte nur noch weg. Ben verstand und verabschiedete sich von den Backes. Dabei hatte er irgendwie das Gefühl, sie würden sich sowieso bald wieder sehen.

Und Ben kam zu dem Schluss:

Erziehung ist nicht Vorbereitung auf das Leben. Erziehung ist das Leben selbst. Wenn du denkst, du hast ein Problem gelöst, da ist Licht am Ende des Tunnels, dann ist es oft ein entgegenkommender Zug.

Und Ben notierte:

* Sexualerziehung ist mehr als die Vermittlung von Aufklärungstechniken, sie ist Körpererziehung und Wertevermittlung zugleich: Nur wenn ich meinen Körper mag, mag ich den Körper der anderen. Wenn ich darauf achte, respektiert und geachtet zu werden, kann ich auch den anderen achten und respektieren.

* Sexualerziehung ist Begleitung der Kinder ins Leben: Ein Dreijähriger muss anders begleitet sein als ein Dreizehnjähriger, eine Siebenjährige anders als eine Siebzehnjährige. Kinder nicht überfordern — so lautet die Devise: aber auch nicht unterfordern.

* Die Sexualität von Eltern gehört den Eltern, sie hat eine Intimität, bei der die Kinder ausgeschlossen sind. Aber dass Eltern hin und wieder gestört werden, kann trotzdem mal passieren.

* Elternschaft ist das eine und bedeutet: den Kindern Halt und Geborgenheit zu vermitteln. Partnerschaft ist das andere: Nur wenn es uns gut geht als Mann und Frau, wenn wir unsere emotionalen Bedürfnisse auch leben dürfen, dann geht es den Kindern gut.

* Es ist normal, dass Pubertierende Grenzen überschreiten, aber es ist wichtig, auf Achtung und Respekt zu bestehen. Es gibt eine Grenze körperlicher und seelischer Unversehrtheit, die man als Mensch einfordern muss.

* Achtet auf Kinder, hört ihnen zu — sie haben für die kompliziertesten Situationen passende, ganz einfache Antworten.

* Lasst Kindern Zeit! Gebt ihnen Zeit! Beschleunigt nicht ihre Entwicklung — aber verlangsamt sie auch nicht künstlich. Jedes Kind bringt sein Tempo mit, das man nicht verändern kann!

* Bereitet Kinder nicht auf das Leben vor, begleitet sie ins Leben!

* Amelie ist mir ein Rätsel. Auf dem Bootsausflug legte sie noch Wert auf Sojawürstchen, und jetzt macht sie einen völlig bodenständigen Eindruck. Ist das nicht das Dilemma aller Mütter? Dieses Schwanken zwischen Bodenständigkeit und dem Wunsch, alles richtig machen zu wollen?

Vom Suchen und Finden

Wie Ben Benningsen sich vorstellt,
dass er weiter feldforschung betreibt ...

Die Autofahrt mit seiner alten Lehrerin hatte einen nachhaltigen Eindruck bei Ben hinterlassen. Margot hatte in einer Tour geredet, immer nach dem Motto: „Ich will ja nichts sagen, aber …" Nach dieser Erfahrung konnte Ben gut nachvollziehen, dass Margots ständige Besserwisserei auf Dauer einer Art Gehirnwäsche gleichkam. Wenn man so viel über Erziehung dozierte, wie sollte man da noch ein Gefühl dafür entwickeln? Und irgendwie schien Margot es zu genießen, pädagogische Vorträge zu halten. Denn ihr machte es gar nichts aus, dass Ben immer nur mit „Hmhm" antwortete. Das lag wohl auch daran, dass jeder Satz mit der Formulierung aufhörte: „Da hab ich doch recht, oder?" Und das verkündete sie mit einer solchen Bestimmtheit, dass man es wohl besser vermied, anderer Meinung zu sein. Darüber hinaus verfiel sie auch noch in das Oberlehrerinnengehabe von früher. Ben hatte gerade auf Durchzug geschaltet.

Völlig abwesend suchte er mit dem Zeigefinger nach der Ursache
für ein störendes Jucken in der Nase. Da holte ihn Margots
strenge Stimme in die Wirklichkeit zurück.

Ben, mein Lieber,
Nasebohren macht keinen guten Eindruck.

Margot

Margots Blicke machten unmissverständlich klar, wie absolut
unpassend sie das fand.
Ben holte tief Luft, wollte Margot gerade erklären, dass er nun
wirklich kein Schuljunge mehr war, da rief sie plötzlich: „Ach, da
sind wir ja schon bei mir! Eigentlich schade! Die Zeit verging
aber auch viel zu schnell!"
Ben lächelte Margot Lühnefeldt höflich an und hoffte, dass sie
nun schnell verschwand. Zu seiner großen Erleichterung tat sie
es, lud Ben aber vorher noch auf eine Tasse Tee ein … irgendwann einmal. Ben nahm die Einladung an, beschloss aber gleichzeitig, den Begriff „irgendwann einmal" sehr, sehr weit aufzu-
fassen und das Ganze möglichst lang hinauszuzögern.
Als er kurz darauf den Wagen wieder für sich hatte, dachte er
nur: „Endlich allein!" Er atmete aus.
Und wenig später kam Ben Benningsen in seiner Wohnung an.
Eigentlich war er so müde, dass er direkt schlafen gehen wollte.
Aber etwas ließ ihm keine Ruhe. Er ging in den Keller, kramte in
seinen Kartons. Und wirklich, da waren sie: die Einzelteile seiner
Modelleisenbahn. Ben war zufrieden. Denn jetzt konnte er sein
Versprechen, das er Malte gegeben hatte, wirklich einlösen.
Und als er am nächsten Tag mit einem bunt eingepackten Paket
vor Jacqueline Hausmanns Tür stand, dachte er nur an Malte.
Überlegungen, die darüber hinausgingen, hätten ihn völlig ver-
wirrt. Nach dem, was Willi ihm da alles gesagt hatte, noch mehr.

Da half es ihm, dass er sich auf das besann, was ihn dazu gebracht hatte, sich in die ganzen fremden Häuser zu begeben. Eigentlich wollte er doch jemanden finden, der richtig gut erzog, jemanden, der deswegen diesen Erziehungs-Oscar verdient hatte. Ja, richtig! Er war ein Wissenschaftler bei der Feldforschung! Feldforschung. Was für ein Begriff! Aber dieser Gedanke verschaffte Ben das Gefühl, die Dinge wieder gut im Griff zu haben. Und so drückte er selbstbewusst auf den Klingelknopf.

Jacqueline Hausmann öffnete die Tür mit einem Telefon in der Hand. „Wir sehen uns später! Ich freu mich!", sagte sie in den Apparat, während sie Ben anlächelte. „Tut mir leid, das war wichtig!", entschuldigte sie sich, als sie das Gespräch beendet hatte.

„Kein Problem", erwiderte Ben. Er wollte gerade zu einer Erklärung ansetzen. Aber Jacqueline kam ihm zuvor.

„Das ist aber ein großer Pralinenkasten. Also das wäre wirklich nicht nötig gewesen!", scherzte sie.

„Nein, das ist …"

„Eine Überraschungstorte?"

Jetzt kam Malte angelaufen. „Nein, Mami, das ist für mich!", rief er freudig. „Damit spielen wir jetzt!"

„Da hat er recht", stellte Ben fest.

„Ach ja?" Irritiert führte Jacqueline Ben herein in ihre gemütliche Dachwohnung, die direkt in der Nachbarschaft der Backes-Familie lag.

„Hallo, Malte! Geht's dir gut?", begrüßte Ben den Jüngsten. Malte nickte. „Ist sie da drin?", erkundigte er sich gespannt.

„Ja, und ich hoffe, es funktioniert noch alles."

„Ich will aber auch mitspielen!", meldete sich Maltes achtjährige Schwester Paula zu Wort. Sie musterte Ben scheu und kam nicht näher, sondern wartete noch ab am Eingang zu Maltes Kinderzimmer. Paula hatte die gleichen dunklen, lockigen Haare wie ihre Mutter und schien von ihr das Schönheitsgen geerbt zu haben. Sie beobachtete Ben sehr genau.

„Das ist Paula", stellte Jacqueline ihre Tochter vor.

„Hab ich mir schon gedacht", lächelte Ben. „Tag, Paula!"

„So, ihr habt also schon alles geplant, und ich weiß mal wieder von nichts", beschwerte sich Jacqueline mit einem Augenzwinkern bei ihren Kindern.

„Jaha", erklärte Malte. Und es war nicht zu übersehen, was für einen Spaß er an der Situation hatte. Er strahlte Ben an. Ben blinzelte verschwörerisch zurück.

„Ja, und ich schlage vor, dass wir eurer Mama nichts verraten, sondern sie rufen, wenn sie die Überraschung richtig sehen kann!"

„Okay!", erklärte Jacqueline. „Ich muss mich sowieso noch auf ein wichtiges Gespräch vorbereiten." Lächelnd verschwand sie in ihrem Zimmer. Ben schaute ihr kurz nach.

„Mama macht so ein Grafikzeug", erklärte Paula. „Und heute Abend geht sie mit einem Mann, für den sie arbeiten soll, essen."

„Ah ja", bemerkte Ben Benningsen und geriet ins Grübeln.

Ob es wirklich nur ein Geschäftskontakt ist, mit dem Jacqueline Hausmann sich treffen will? Aber was geht mich das überhaupt an?

Ben Benningsen

Malte zog Ben zu sich ins Zimmer. Hier packten sie gemeinsam das Paket aus: Bens alte Eisenbahn kam zum Vorschein. Die bauten sie zusammen auf. Und nach kurzer Zeit waren Paula, Malte und Ben so ins Spiel vertieft, dass sie die Welt um sich herum vergessen zu haben schienen.

Währenddessen kam Jacquelines vierzehnjährige Tochter Caro nach Hause. Sie war das Gegenteil ihrer Schwester, der zurückhaltenden, sanften Paula. Caro war groß, ein bisschen pummelig und wirkte eher burschikos. Ihre schrill bunte Kleidung und die lila Strähne im dunkelblonden Haar machten schon äußerlich klar, dass Caro mitten in der pubertären Protestphase steckte. Sie schaute erst nach ihrer Mutter und bemerkte, dass die noch an ihrem Computer beschäftigt war. Jacqueline polierte an den letzten Feinheiten zu einem Kostenvoranschlag für das Projekt, um das es am Abend ging.

Dann steckte Caro kurz den Kopf in Maltes Zimmer, staunte und erkundigte sich verblüfft bei Jacqueline wegen des Besuchs.

Wer ist denn der krasse Typ in Maltes Zimmer?

Caro

„Das ist Ben Benningsen", erwiderte Jacqueline, ohne den Blick zu heben.

„Hey!", staunte Caro. „Dieser Professor? Ist der hier wegen dem Erziehungs-Oscar? Machst du da etwa auch mit? Ganz schön mutig!"

„Blödsinn!", tat Jacqueline die Bemerkung ab. „Er hatte Malte eine Überraschung versprochen. Und die hat er ihm vorbeigebracht."

„Du meinst, die Eisenbahn?"

Jetzt unterbrach Jacqueline ihre Arbeit doch.

„Was? Eine Eisenbahn? Hat er ihm wirklich eine Eisenbahn mitgebracht?", fragte sie ungläubig und schüttelte lächelnd den Kopf. „Verrückt."

„Schau's dir doch mal an", schlug Caro vor.

Aber Jacqueline verneinte: „Lass mich den Kostenvoranschlag eben noch fertig machen."

Caro atmete tief ein. Sie war genervt und fuhr sich mit der Hand durch die Haare. Jacqueline lächelte sie bittend an. Da entdeckte sie es. Es war ein Tattoo an Caros Unterarm.

„Was ... ist ... das ... denn?", wollte sie wissen und zwang sich zur Ruhe.

„Wie sieht es denn aus?", konterte Caro ironisch.

Verärgert sprang Jacqueline auf und trat auf ihre Tochter zu.

Ihre Stimme überschlug sich fast:

„Caro, was fällt dir ein! Sag mal, spinnst du total? Damit kommst du bei mir nicht durch!"

„Was willste denn machen?", spöttelte Jacquelines Tochter. „Das Tattoo wegkratzen? Ja, schade auch. Das wird nicht klappen."

Jacqueline atmete tief durch und versuchte sich wieder in die Gewalt zu bekommen.

Wir hatten abgemacht, keine Tattoos, bevor du achtzehn bist. Dann kannst du es selber entscheiden.

Jacqueline

„Ich habe es eben vorher schon selber entschieden", griff Caro bockig ihre Mutter an. „Und damit du's weißt, ein Piercing lass ich mir auch noch machen. Ein Zungenpiercing! Aber das interessiert dich ja sowieso nicht wirklich. Du hast ja nie Zeit, über irgendwas zu reden."

Damit traf sie Jacqueline an ihrem wunden Punkt. Caro wusste, dass sie deshalb oft ein schlechtes Gewissen hatte.

„Vielleicht muss ich auch sehen, dass wir alle was zu essen haben und die Miete bezahlen können", verteidigte sie sich.

„Leider haben wir keinen Dukatenesel im Keller!"

„Wenn ich dich zu viel koste, kann ich ja zu Papa ziehen!", schlug Caro beleidigt vor.

Ich bin dir doch sowieso egal!

Caro

Damit verschwand Caro in ihrem Zimmer, schlug die Tür hinter sich zu und schrie: „Du kannst mich mal!"

Als Jacqueline sich von ihrem Schreck erholt hatte, lief sie ihr nach, klopfte: „Bitte, Caro, es tut mir leid! Mach auf, Schatz! Lass uns darüber reden!" Sie versuchte die Tür zu öffnen, aber es war abgeschlossen. Aus dem Zimmer kam Carolines wütende Antwort: „Zisch ab! Lass mich in Ruhe!"

Jacqueline seufzte und lehnte ratlos den Kopf gegen die Tür. Paula, Ben und Malte hatten den Streit mitbekommen und standen nun betreten im Flur.

„Kann ich irgendwie helfen?", fragte Ben Benningsen vorsichtig. Jacqueline drehte sich zu ihm um, schluckte und gab sich Mühe, ihre Gefühle nicht zu zeigen.

Na, das ist doch jetzt bestimmt interessantes Futter für Ihre Recherche!

Jacqueline

Mit gespieltem Lächeln wollte Jacqueline locker wirken. „Geradezu ein Paradefall!", stellte sie fest und flüchtete aufgewühlt ins Wohnzimmer. „Alleinerziehende Mutter wird mit ihrer pubertierenden Tochter nicht fertig! Ja, was sagt der große Erziehungsberater dazu?"

Jacqueline redete sich mehr und mehr in Rage, schlug zur Unterstreichung ihrer Worte mit der flachen Hand auf eine Sessellehne. „Ich bin mir sicher, Sie haben bestimmt einen Tipp, Herr Professor! Alles besser zu wissen, ist ja immerhin Ihr Beruf. Zu Hause haben Sie dann ein gemachtes Nest mit entzückenden Kindern, um die sich Ihre Frau kümmert. Und Sie können überall mit Ihren Erziehungstheorien glänzen!" Jacqueline war so in Fahrt, dass sie Ben keine Chance zur Antwort ließ. „Aber wissen Sie was?", fuhr sie ihn weiter an und tippte ihm jetzt dabei sogar mit der Zeigefingerspitze auf die Brust. „Mich beeindrucken Sie damit nicht. Ich gehöre nämlich nicht zu diesen Tipp-Junkies. Ich schaffe das mit meinen Kindern schon alleine. Vielen Dank!" Dann wandte sie sich ab und ließ sich erschöpft auf der Couch nieder. Sie biss sich auf die Lippe und konnte die Tränen der Wut kaum zurückhalten. Paula und Malte krabbelten zu ihrer Mama auf die Couch, schmiegten sich an sie, wollten sie trösten. Ben holte ein Glas Wasser und reichte es Jacqueline.

„Hier, trinken Sie. Das beruhigt."

Jacqueline nahm einen Schluck, atmete tief durch und meinte nach einer Weile versöhnlich: „Tut mir leid, ich bin kein gutes Studienobjekt. Oder vielleicht doch. Hier erleben Sie, wie man scheitert."

„Ich würde nicht von Scheitern sprechen", kommentierte Ben die Sache. „Sie haben doch Ihre Kinder nicht leichtfertig in die Welt gesetzt. Und Sie haben eine gute Beziehung zu ihnen.

Es ist doch wirklich eine schwierige Aufgabe, Kinder ins Leben zu begleiten. Manchmal bringt einen das eben an seine Grenzen.

Ben Benningsen

Jacqueline lächelte, trank noch einen Schluck und nickte. Paula und Malte kuschelten sich ganz dicht an sie heran.

Da kam Caro ins Zimmer. Eigentlich wollte sie sich entschuldigen. Aber als sie ihre Mutter mit ihren beiden jüngeren Geschwistern so innig vereint sah, gab ihr das einen Stich. Und als dann Paula noch dazu mit vorwurfsvoll dramatischem Blick erklärte: „Wegen dir ist Mama jetzt ganz traurig!", reichte es Caro. Sie fauchte ihre Schwester an: „Du bist 'ne alte Schleimerin! Dein Schleim stinkt! Ich muss hier raus, sonst erstick ich!"

Und Caro eilte nach draußen auf die Dachterrasse.

Jacqueline sah Ben erschöpft an.

„Jetzt haben Sie mal mitbekommen, wie es hier so abgeht!"

„Wenn Sie einverstanden sind, rede ich mit Caro", schlug Ben vor. „Manchmal ist ein neutraler Gesprächspartner ja besser."

Doch Jacqueline war skeptisch: „Ach, das ist so verfahren! Da kann ja doch keiner helfen."

„Lass Ben doch!", schlug Paula vor.

„Also gut. Meinetwegen."

Ben trat auf die Dachterrasse. Von hier oben hatte man einen weiten Blick über die Stadt. Caro hatte sich auf einen Holzstuhl gelegt und starrte in den Himmel. Langsam kam Ben auf sie zu.

„Hat meine Mutter Sie geschickt?", fragte sie, ohne sich umzudrehen.

„Nein", antwortete Ben Benningsen. „Deine Mutter scheint ja nicht allzu viel von mir zu halten."

Caro schaute Ben an und grinste: „Von mir auch nicht. Da haben wir ja was gemeinsam."

„Also in deinem Fall siehst du das bestimmt falsch", befand Ben und setzte sich zu Jacquelines Ältester. Die zuckte leicht mit den Schultern und beobachtete wieder die Wolken. Ein rhythmisches Klopfen war zu hören.

„Das ist ein Specht", erklärte Caro. „Der muss einen ganz schönen Dickschädel haben, sonst könnte er das Klopfen die ganze Zeit doch gar nicht aushalten."

„Einen Dickschädel zu haben, ist manchmal ganz schön anstrengend, stimmt's?", erkundigte sich Ben.

Caro blickte ihn prüfend an. „Sie meinen mich, oder?"

Jetzt hörte man wieder das Klopfen des Spechtes, diesmal noch lauter.

„Der gibt heute wirklich alles, der Specht!", scherzte Ben. „Hoffentlich lässt er den Baum stehen."

Caro musste lachen. Dann hielt sie kurz inne, holte tief Luft und gestand: „Ich weiß, ich war grad ziemlich krass zu meiner Mutter.

Aber ich hatte so eine verdammte Wut, weil sie mich wieder mal gar nicht wahrgenommen hat.

Caro

„Na ja, aber *du* hast doch die Verabredung gebrochen", stellte Ben fest. „Ich meine die mit dem Tattoo."

Caro schüttelte grinsend den Kopf und krempelte ihren Ärmel hoch. „Hier! Um dieses Tattoo ging es."

Ben schaute es sich genauer an. Es stellte einen Drachen dar.

„Na ja, ab achtzehn war abgemacht, wenn ich richtig gehört habe."

„Richtig gehört haben Sie schon. Aber anscheinend haben Sie genau solche Tomaten auf den Augen wie Mama. Mann, das ist ein Klebe-Tattoo, das geht wieder weg."

„Und warum hast du das deiner Mutter nicht gesagt?"

„Weil ich mich so geärgert habe, dass sie denkt, ich würde unsere Abmachung brechen." Caro spielte mit einer Strähne ihres Haares. „Und da habe ich mit dem Piercing noch eins draufgesetzt. Ich war einfach nur sauer. Stocksauer!"

„Das kann ich verstehen", meinte Ben.

„Ehrlich?" Caro schaute ihn verblüfft an. „Ohne Scheiß?"

„Ohne Scheiß", wiederholte Ben Benningsen, und seine Stimme klang dabei ernst und aufrichtig.

Caro nickte nachdenklich. Für eine kleine Weile sagten beide kein Wort. In ihr Schweigen hinein begann der Specht wieder zu klopfen.

„Der gibt wohl nie auf!", meinte Caro amüsiert und begann zu erzählen: „Weißt du, Mama will immer perfekt sein, glaubt immer alles regeln zu müssen. Sie will Mama und Papa gleichzeitig sein. Aber das geht doch gar nicht!" Sie schaute Ben ratlos an. Er zuckte nur leicht mit den Schultern, wollte sie nicht unterbrechen oder durch Antworten in andere Bahnen lenken. Ben

Benningsen hatte das Gefühl, Caro tat es gut, einfach mal ein paar Dinge auszusprechen, die ihr auf der Seele lagen. So konzentrierte er sich aufs Zuhören. Und es sprudelte weiter aus Caro heraus: „Für mich zum Beispiel muss sie wirklich nicht immer alles regeln.

Mama soll mich einfach mal lassen und mir schlicht vertrauen.

Caro

Na gut, ich bin schon ziemlich schlampig, das weiß ich auch. Und wenn ich so lange mein Zimmer nicht aufräume, dann droht sie mir. Aber neulich komm ich von der Schule nach Hause, da hat sie mal wieder aufgeräumt, ist natürlich schlecht drauf deswegen. Ja, hallo? Dann soll sie es doch lassen!", regte Caro sich auf. Jetzt fiel ihr etwas ein. Sie schmunzelte: „Obwohl, neulich hat sie sich einen echt guten Trick einfallen lassen, nachdem sie wieder mal Ordnung geschaffen und ich mich drüber beschwert hatte."
„Was war das für ein Trick?", wollte Ben wissen.
„Mama hat gelobt, immer zu fragen, wohin sie meine Sachen tragen soll, die nicht am richtigen Platz liegen."
„Und das hat sie wirklich gemacht?"
„Ja", amüsierte sich Caro. „Als ich am nächsten Tag von der Schule kam, meinen Rucksack in eine Ecke gepfeffert habe und meine Jacke in die andere, da hat Mama mit den Sachen gesprochen, als sie sie aufgehoben hat."
Und dann machte sie die besorgte Stimme ihrer Mutter nach. „Du arme Jacke! Wo gehörst du denn hin? Ach? Das weißt du nicht?" Und Caro fuhr in ihrer normalen Stimmlage fort: „Und dann hat Mama mich gerufen und hat mir erklärt, meine Jacke wüsste nicht mehr, wo sie hingehört, und sie hat gefragt, ob sie

sie an der Garderobe aufhängen darf. Ich habe natürlich ‚Ja‘ gesagt und … gelacht."

Ben lachte auch auf. „Das ist ja wirklich eine witzige Methode."

„Aber nicht auf die Dauer. Da nervt es! Deswegen hat Mama ja erreicht, was sie wollte: Ich habe aufgeräumt." Caro überlegte kurz. „Aber dann hat sie selbst ihre Jacke mal in der Küche gelassen. Und da habe ich dasselbe gemacht, mir Mamas Jacke genommen und habe mit der gesprochen: ‚Du arme Jacke, hat Mama dich etwa vergessen! Wohin gehörst du wohl?‘ Und dann habe ich Mama gefragt, wohin ich ihre Jacke hängen darf. Da hat sie gelacht und mich in den Arm genommen."

„Dann hat der Trick ja wirklich funktioniert", stellte Ben anerkennend fest.

Caro zwinkerte ihm zu. „Den können Sie ruhig aufschreiben. Mama hat bestimmt nichts dagegen." Und dann schaute sie noch einmal hoch in die Wolken.

Eigentlich hab ich die beste Mama der Welt. Nur manchmal, da könnte ich sie auf den Mond schießen!

Caro

„Hast du ihr das so schon mal gesagt?", erkundigte sich Ben leise.

Caro legte ihre Stirn in Falten: „Meinen Sie, ich soll das tun?"

„Wär doch nur fair. Du sagst ihr doch sonst auch, was du denkst!", ermutigte sie Ben. „Also ich bin mir hundertprozentig sicher, dass deine Mutter dich auch sehr lieb hat."

Caro blinzelte Ben von der Seite an. „Ich glaube, sie mag Sie auch", stellte sie schmunzelnd fest.

„Mich?" Ben war platt. Er fand diesen Gedanken sehr verwirrend. „Aber sie ist doch immer so unglaublich kratzbürstig zu mir!"

„Ja, deswegen doch!", klärte Caro ihn auf. „Wissen Sie, ich glaub, Mama hat Probleme mit Männern. Je mehr sie einen mag, desto mieser geht sie mit ihm um. Manchmal denk ich, sie hat einfach nur Schiss."

„Ich fürchte, was mich anbelangt, bist du da auf dem Holzweg", stellte Ben fest. Trotzdem: Er spürte den kleinen Hoffnungsschimmer, dass da etwas dran sein könnte. Denn ihm war Jacqueline Hausmann definitiv nicht gleichgültig. Aber natürlich versuchte er das, so gut es ging, zu verbergen.

„Also wenn sie Sie nicht gut finden würde …", fuhr Caro fort, hielt inne und machte es spannend.

„Was dann?" Ben horchte auf.

„Dann hätte sie Ihnen einen Kaffee oder einen Cappuccino angeboten. Aber Mama lässt Sie doch nur auflaufen. Ich sag doch, die hat Schiss!"

Dann fiel Caro etwas ein. „Mann, was rede ich da die ganze Zeit für einen Mist. Sie sind ja sowieso verheiratet, oder?"

„Äh, äh", Ben kam ins Stottern. Er hatte gerade mit sehr ungewohnten Gefühlen im Bauch zu kämpfen. Caro stand unvermittelt auf. „Ich glaub, ich schau mal nach Mama", verkündete sie. „Kommen Sie mit?"

„Gleich. Gleich", brachte Ben heraus. „Ich komm gleich nach." Caro verließ die Terrasse, drehte sich kurz noch mal um und sagte: „Danke! War echt stark!" Dann verschwand sie.

Ben blieb aufgewühlt zurück. Mit einem Mal fielen ihm Willis Worte wieder ein. Er hatte recht. Es war Zeit, reinen Tisch zu machen. Ben nahm sich vor, so bald wie möglich mit Jacqueline zu reden. Unter „bald" verstand er dabei eher einen Zeitraum von Tagen, vielleicht auch Wochen. So eine Eröffnung wollte schließlich gut vorbereitet sein …

In diesem Moment wusste Ben Benningsen noch nicht, dass genau heute die Ereignisse seine Pläne überholen würden.

Als er wieder ins Wohnzimmer kam, herrschte eitel Sonnenschein. Und Jacqueline? Sie strahlte Ben zufrieden an und fragte: „Wollen Sie einen Kaffee oder einen Cappuccino?"

Manchmal kann eine einfache Frage einen ganzen Traum zum
Platzen bringen. Ben warf Jacquelines Tochter Caro einen kurzen Blick zu. Die zuckte bedauernd mit den Schultern. Dann
erklärte Ben höflich: „Danke, das ist sehr nett. Aber ich gehe jetzt
lieber."

„Aber später kommst du wieder und passt auf uns auf, ja?",
bettelte Malte. „Dann spielen wir noch eine Runde Eisenbahn."

„Ja, also ich muss mal sehen", wehrte Ben ab. „Ich glaube, ich
habe da auch noch etwas vor heute Abend …"

Ben Benningsen war völlig durcheinander. Sollte er nun hoffen
oder nicht? Er war überfordert. Irgendwie spürte Jacqueline das.
Sie berührte Ben sanft an der Schulter und meinte: „Kinder, jetzt
lasst den armen Herrn Benningsen gehen. Wenn er mag, kann er
ja noch einmal wiederkommen. Wir freuen uns!"

Dann brachte sie ihn zur Tür.

„Ja, also dann …", Ben suchte nach Worten.

„Danke", sagte Jacqueline und drückte ihm einen flüchtigen Kuss
auf die Wange. Dann schloss sie schnell die Tür. Wie hypno-
tisiert blieb Ben stehen. Eben war der Traum zerplatzt, jetzt gab
sie ihm einen Kuss? Wie sollte er das deuten? Ben Benningsen
war ziemlich konfus.

Als er die vielen Treppenstufen hinuntergestiegen war und vor
dem Haus stand, atmete er die frische Luft ein. Und während
Ben nun seine Schritte Richtung Zuhause lenkte, überlegte er,
was er tun sollte. Noch einmal vorbeischauen heute Abend?
Nein! Er spürte, dass er erst mit Jacqueline reden wollte. Aber
wie, wann und wo? Das musste er sich noch gut überlegen. Oder
war Malte vielleicht zu enttäuscht, wenn er nicht wiederkam?

Er konnte einfach keinen klaren Gedanken mehr fassen. Da kam
ihm Amelie Backes entgegen.

„Ja, hallo, Herr Benningsen, wie war es denn bei Jacqueline?",
erkundigte sie sich.

„Äh. Schön", erwiderte Ben ziemlich abwesend.

Amelie bemerkte, dass er reichlich „durch den Wind" war. Und sie schlug vor: „Also wenn Sie Lust haben auf eine kurze Tasse Kaffee? Sie sind herzlich eingeladen."

„Ja, gerne", hörte Ben sich sagen und saß wenig später bei Amelie Backes in der Küche. Es war ungewohnt still dort.

„Die Kinder machen mit Micha eine Radtour", erklärte sie. Ben nickte nur abwesend. Seine Stimmung war ansteckend. Auch Amelie, die sonst nie um ein Wort verlegen war, wusste plötzlich gar nicht, was sie sagen sollte.

Da klingelte es. Amelie ging hinaus, um aufzumachen. Ben nippte an seinem Kaffee. Und dann hörte er ganz deutlich … Jacquelines Stimme!

„Amelie, ich muss mal mit dir reden. Ich bin irgendwie ganz durcheinander wegen diesem Ben Benningsen."

„Du auch?", fragte Amelie erstaunt.

„Wer denn noch?", wollte Jacqueline verblüfft wissen.

Amelie sagte nichts und nahm sie mit in die Küche. Ben erhob sich. Spannung lag in der Luft, als Ben und Jacqueline sich jetzt gegenüberstanden.

Amelie ließ die beiden allein. Ben suchte fieberhaft nach etwas Gescheitem, das er jetzt sagen könnte. Aber ihm fiel noch nicht mal etwas Blödsinniges ein. Ihm fiel gar nichts mehr ein.

Auch Jaqueline hatte Schwierigkeiten, das Gespräch zu beginnen. Dann versuchte sie es.

Durch das Chaos bei mir haben Sie ja jetzt mal mitbekommen, wie das ist, wenn man als Mutter einfach nur auf dem Schlauch steht.

Jacqueline

„Nein, nein", sagte Ben schnell. „Sie machen das alles wunderbar. Ganz wunderbar!" Und dann fügte er hinzu: „Sie sind überhaupt ganz wunderbar!" Das hatte er so nicht beabsichtigt. Das war ihm einfach rausgerutscht.

Jacqueline schmunzelte leicht irritiert: „Wie bitte?"

Ben setzte zu einer Erklärung an: „Na ja, ich meine, ich glaube, ich bin Ihnen da eine Erklärung schuldig."

„Versteh ich das richtig?", hakte Jacqueline nach. „Machen Sie mich hier gerade an?" Und plötzlich wurde sie wütend: „Hey, das ist das Letzte, was ich gebrauchen kann. Sie sind ein verheirateter Mann! Auf so etwas habe ich wirklich keinen Bock!"

Und schon wollte sie die Küche verlassen. Ben hielt sie am Arm fest und bat: „Einen Augenblick. Geben Sie mir bitte einen Augenblick! Es ist nämlich alles ganz anders!"

Endlich beichtete Ben ihr die ganze Geschichte, erzählte, wie es dazu gekommen war, dass sein Verleger diesen Plan ausgeheckt und er dann irgendwie den Absprung nicht mehr gefunden hatte. Und natürlich sei er sich oft schäbig vorgekommen. Aber bisher habe ja alles prima funktioniert.

Ben redete und redete, eindringlich und entschuldigend, voll schlechtem Gewissen und um Verständnis bittend.

Jacqueline stellte während der Zeit keine einzige Zwischenfrage, gab keinen Kommentar. Und als Ben sich leer geredet hatte, strahlte er Jacqueline erleichtert an. Jetzt war es raus. Jetzt war alles möglich. Glücklich seufzend schloss er für einen kurzen Moment die Augen. Und im Traum sah Ben Jacqueline schon mit Tränen in den Augen auf ihn zukommen, spürte schon ihre Lippen auf den seinen, und als Mann des Wortes hatte er auch schon eine schöne Formulierung im Kopf.

Ich habe mich auf den beschwerlichen Weg gemacht, die perfekte Erziehung zu suchen, und fand das Paradies!

Ben Benningsen

Aber alles, was Ben Benningsen dann wirklich spürte, waren Jacquelines fünf Finger auf seiner Wange. Jacqueline Hausmann gab ihm als Antwort auf seine große Beichte eine schallende Ohrfeige und verließ fluchtartig die Wohnung. Dabei stieß sie noch fast mit Amelie zusammen, die gerade zurückkam. Verdutzt schaute Amelie nach Ben.

„Ich glaube, ich hab's vermasselt", meinte der nur, dann ging er auch.

Zurück in seinen eigenen vier Wänden, tigerte Ben Benningsen rastlos auf und ab.

„Das kann doch nicht wahr sein!", fluchte er vor sich hin. „Da halte ich brillante Vorträge, bin berühmt für meine eloquenten Interviews – und plötzlich stottere ich nur rum!" Er schüttelte fassungslos den Kopf über sich selbst. „Und dann ringe ich mich durch, sage die Wahrheit, mache einen schonungslosen Seelenstriptease – und was ist der Dank? Eine Ohrfeige!"

Da klingelte es an seiner Haustür.

„Aha. Da regt sich doch ihr schlechtes Gewissen!", mutmaßte er. Er war sich sicher, dass Jacqueline Hausmann vor der Tür stünde. Und schwungvoll öffnete er.

Aber vor der Tür stand nicht Jacqueline, sondern eine rassige Südamerikanerin namens Juanita. In gebrochenem Deutsch erklärte sie dem verdutzten Ben, sie wäre die Salsalehrerin, die er engagiert hätte.

Jetzt erinnerte sich Ben wieder, welchen Termin er heute Abend hatte: Privatunterricht im Salsatanzen! Erst wollte er Juanita wieder nach Hause schicken. Aber dann hoffte er, dass ihn das Tanzen auf andere Gedanken bringen würde, und ließ sie rein. Doch nichts wollte klappen. Denn immer wenn Ben Juanitas Hüftschwung studierte, musste er an Jacqueline denken. Und als ob Juanita gewusst hätte, was Ben bewegte, sagte sie immer wieder: „Ben, ganz locker bleiben! Vertrau auf dein Becken und deine Hüfte. In der Hüfte liegen die Geschichten."

Ben Benningsen war zwar nicht der geborene Salsatänzer. Aber er machte doch gewisse Fortschritte an diesem Abend. Nach und nach bekam er sein Selbstvertrauen zurück und tanzte sich in einen Gefühlszustand, den man fast übermütig nennen konnte. Da klingelte es wieder.

Zum Rhythmus der Musik tänzelte Ben zur Tür. Juanita applaudierte. Der Gast vor Bens Tür war weniger begeistert über diesen Anblick. Es war Jacqueline Hausmann. Und sie hatte vieles erwartet. Sie dachte, sie würde einen zerknirschten oder wütenden, vielleicht sogar einen betrunkenen Ben vorfinden. Aber ein Salsa tanzender Ben Benningsen? Nein, das hatte sie nicht erwartet. Noch dazu mit einer hübschen Südländerin an seiner Seite.

„Jacqueline, es ist alles ganz anders!", rief Ben ihr noch nach. Aber das hörte sie schon nicht mehr. So schnell verschwand Jacqueline Hausmann wieder im Dunkel der Nacht.

Diesmal reagierte Ben schneller. Ohne zu zögern, lief er ihr nach und hatte sie bald eingeholt. War es Schicksal oder nur Zufall, jedenfalls erreichte er sie genau vor einem spanischen Lokal. Und hier spielten sie dieselbe Musik, auf die Ben gerade tanzen gelernt hatte. Und so nahm er Jacqueline und tanzte mit ihr. Mitten in der Nacht, mitten auf der Straße. Und er flüsterte Jacqueline all das ins Ohr, was er ihr auch noch und vielleicht immer schon hatte sagen wollen. Es gefiel ihr, denn sie lächelte selig. Juanita kam vorbei, winkte den beiden zu und erinnerte Ben augenzwinkernd: „In der Hüfte liegen die Geschichten."

Und so kam Ben hautnah zu dem Schluss:

... dass es noch ein Leben jenseits der Erziehung gibt.

Und der Oscar geht an ...

Wie Ben Benningsen alle überrascht.

Nach Bens schicksalhaftem Salsatanz mit Jacqueline mitten auf der Straße und bei Vollmond veränderte sich sein Leben in vielerlei Hinsicht. Was die Dinge anbelangte, die Juanita andeutete, also die, die in der Hüfte liegen ... so bilden diese eine ganz eigene Geschichte. So viel sei an dieser Stelle nur dazu gesagt: Auch hier warteten heftige Emotionen und viele Abenteuer auf Ben, die er sich so nie hätte träumen lassen.
Zwar durfte er darüber seinen Auftrag nicht vergessen. Aber der Verlagsleiter, Dr. Reginald Eibenstein, sorgte schon dafür, dass das nicht passierte.
Und so erhielt Ben eines Tages einen Anruf, in dem der Verleger ankündigte, seine Werbeabteilung sei auf die glorreiche Idee gekommen, aus der Verleihung des Erziehungs-Oscars einen ganz besonderen Event zu machen. Ben sollte ihm Vorschläge machen, wie, wo und vor allem wem man den Oscar überreichen würde. Ben Benningsen bat um drei Tage Bedenkzeit.
Am dritten Tag war er allerdings so schlau wie am ersten.

Für diesen Tag hatte er Willi Backes versprochen, wieder mal vorbeizukommen. Willi hatte Ben ja, was Jacqueline anbelangte, wertvolle Tipps gegeben. Deswegen war er auch der Erste, der alles von Ben erfuhr.

In diesem Gespräch hatte Ben Benningsen Willi auch darum gebeten, die Angelegenheit vorläufig vertraulich zu behandeln. Offiziell war er ja noch verheiratet, wenn auch nur fiktiv. Dieses Problem musste Ben noch irgendwie lösen. Und wie er das am besten anstellen sollte, das war ihm immer noch nicht klar.

Willi schüttelte nur den Kopf, weil er nicht verstand, worin das Problem eigentlich bestand.

„Junge, du musst doch nur sagen, wie es ist."

„Schon", sah Ben ein. „Aber *wie* sage ich es?"

„Jau, wozu hast du eigentlich so lange studiert?", lachte Willi.

„Nur, um dir das Leben schwer zu machen?"

Ben lächelte verlegen. Es passte ihm selber nicht, dass er noch keine Lösung gefunden hatte.

Schiffe, die aufgetakelt sind, soll man nicht im Hafen festhalten!

Willi

Ben wiegte seinen Kopf nachdenklich hin und her. „Und das Oscar-Problem muss ich auch noch lösen", seufzte er.

Willi klopfte ihm aufmunternd auf die Schulter: „Jau, dann packste deine Jacqueline und die Kinder auf ein Schiff und den Oscar auch. Dann werden die sich schon verstehen."

„Aber der Oscar ist doch ..." Gerade wollte er Willi noch einmal das Drumherum dieser Preisverleihung erklären, da kam ihm die Idee.

„Willi! Du hast recht! Ein Schiff! Das ist die Lösung!"

„Jau! Ein Schiff ist immer die Lösung!", nickte Willi bestätigend.

Ben Benningsen überzeugte seinen Verlagsleiter schnell davon, dass die Oscar-Verleihung auf einem Schiff stattfinden musste. Und so mietete *Der Verlag* einen Ausflugsdampfer an. Um alles Weitere würde er sich schon kümmern, schlug Ben vor. Sogar „den Oscar" wollte er selbst besorgen. Die Presse- und Werbeleute gerieten in Panik. Diese Dinge ließen sie sich sonst nie aus der Hand nehmen. Aber Ben war nicht umzustimmen.

Dr. Reginald Eibenstein bohrte immer wieder nach, wer denn nun der Sieger sei. Aber Ben schwieg beharrlich, machte es spannend und vertröstete Reginald: „Das soll alles eine Überraschung werden!"

Eigentlich liebte der Verlagsleiter Überraschungen überhaupt nicht. Er hatte lieber alles im Griff. Zu seinem Leidwesen konnte jedoch niemand Ben Benningsen von seiner Idee abbringen. Und der verriet auch nichts.

So begab sich Dr. Reginald Eibenstein an diesem denkwürdigen Sommersonnentag im August aufs Schiff, ohne zu wissen, wo genau die Reise hinging. Seine Sekretärin Gerlinde Kleinert sowie Wilma Gruber-Wolf, die für die Pressearbeit zuständig war, begleiteten ihn.

Außerdem waren natürlich alle Anwärter auf die Auszeichnung dabei, also alle, die Ben auf seinen Reisen durch den Familienalltag näher kennengelernt hatte. Wer von ihnen würde wohl den Erziehungs-Oscar bekommen?

Vielleicht Iris Könner-Lühnefeldt und ihr Mann Dr. Günther Lühnefeld mit Miriam, Moritz und Antonia? Sie gaben auf den ersten Blick mit ihren guten Manieren und der Pflege von Hausmusik wirklich das Bild einer perfekten Familie ab. Seit Günther seine Frau zum Salsakurs begleitete, war sogar das Lächeln von Iris ein wenig sanfter geworden.

Oder war Familie Schindelbeck, also Jakob und Monika mit ihren Lausbuben Leon und Jannis, Anwärter? Die beiden Jungens schienen sich heute perfekt zu verstehen, und fröhlich aufgedreht hielten sie Ausschau, was sie als nächstes aushecken könnten. Oder konnten sich Wolfgang und Felicitas Görgens mit ihrem Trotzköpfchen Gloria Hoffnungen machen? Gloria hatte ihre Barbiepuppe dabei. Nach Glorias anfänglichen Wutattacken, der die Puppe ihren Fransenkurzhaarschnitt zu verdanken hatte, war sie Glorias Lieblingsspielzeug geworden, das sie überallhin mitnahm.

Claudia Lühnefeldt, die werdende Mutter, hatte sich damit abgefunden, dass sie für eine Nominierung noch nicht in Frage kam. Dann eben beim nächsten Mal! Stolz trug sie ihren kugelrunden Babybauch vor sich her und hatte sogar ihr Strickzeug dabei. Denn vor Kurzem hatte Claudia den Pin ihres Organizers gegen Stricknadeln eingetauscht und war dabei, einen Strampelanzug für ihren Nachwuchs zu stricken, natürlich aus Bio-Baumwolle. Denis wich nicht von ihrer Seite, behütete jeden ihrer Schritte und reichte ihr sofort die Hand, wenn auch nur die kleinste Stufe in Sicht war.

Oder würde der Oscar an die Backes gehen? Opa Willi und Oma Lotte hätten ihn bestimmt verdient. Aber sie waren ja sozusagen außer Konkurrenz dabei.

Michael und Amelie Backes mit Danny, Timmi und Tina nahmen das Ganze locker, sahen die Veranstaltung mehr als lustigen Ausflug an. Danny wollte alles mit der Videokamera seines Vaters dokumentieren und war ständig auf der Suche nach ausdrucksstarken Motiven. Und Timmi hatte sich extra die Eisenbahntrillerpfeife seines Großvaters eingesteckt. Damit wollte er den Oscar-Gewinner gebührend feiern. Tina hatte eigentlich keine Lust gehabt mitzukommen, hatte sich dann aber doch überreden lassen. Nach dem Graffiti-Vorfall vermied sie sorgfältig unnötigen Stress mit ihren Eltern.

Die Frage, ob Margot Lühnefeldt sich Chancen auf den Erziehungs-Oscar ausrechnete, konnte man wohl eindeutig mit „Ja" beantworten. Wenn sie darauf angesprochen wurde, stritt sie das zwar vehement ab. Aber in ihrem Lächeln spiegelten sich Ahnung und Vorfreude, und manchmal hatte man das Gefühl, sie memoriere heimlich eine vorbereitete Rede für den Fall ihres Sieges.

Ja, und dann war da noch Jacqueline Hausmann mit Caro, Paula und Malte. Sicherlich lief diese Familie schon wegen der besonderen Wendung der Dinge außer Konkurrenz. Jacqueline interessierte sich sowieso vor allem für den, der diese Trophäe vergeben sollte.

Bei den Blicken, die sie und Ben sich zwischendurch zuwarfen, wurde es sogar Unbeteiligten warm ums Herz. Paula und Malte hatten versprochen, Ben bei seiner Verleihungsaktion als Assistenten zur Seite zu stehen. Malte hatte dafür eine alte Schaffnerkelle mitgenommen, die er bei Bens Eisenbahnsachen gefunden hatte.

So konnte endlich grünes Licht für diese ganz ungewöhnliche Oscar-Verleihung gegeben werden.

Natürlich ließ es sich Dr. Eibenstein nicht nehmen, ein paar einführende Worte zu sagen. Nach den üblichen Begrüßungsfloskeln kam er auf den Zweck der Aktion zu sprechen und betonte:

„Ich freue mich und bin auch ein wenig stolz, dass wir heute einmal nicht die ehren, die sonst im Blitzlichtgewitter der Fotografen stehen. Nein, wir wollen unser Augenmerk auf die lenken, die sich unermüdlich den Herausforderungen stellen, die der Erziehungsalltag mit sich bringt!"

Und das hörte sich natürlich viel schöner an, als wenn er gesagt hätte: „Werbung ist alles! Und wir machen das vor allem auch als Werbeaktion für den Verlag und für Ben Benningsens neues Buch."

Aber in der Werbung werden ja die Dinge meist sehr geschickt verpackt. Und so war Dr. Reginald Eibenstein nach seiner Rede zufrieden. Er hatte ein gutes Gefühl! Lächelnd schloss er seine

Ausführungen mit den Worten: „Und jetzt bin ich selber gespannt, wer den Oscar für die perfekte Erziehung bekommt."
Mit einer großen Geste erteilte er nun Ben Benningsen das Wort.
Ben warf Jacqueline noch einen kurzen Blick zu, schöpfte Kraft
aus ihrem aufmunternden Lächeln, dann schaute er in die Runde
der erwartungsvollen Gesichter und begann:
„Na, wer von Ihnen hat denn schon Platz gemacht im Bücher-
regal für unseren Oscar?"
Alle lachten, nur Margot fühlte sich ein wenig ertappt. Sie hatte
zwar noch nicht wirklich etwas beiseite geräumt. Aber sie hatte
sich tatsächlich schon überlegt, wo die Figur wohl am besten zur
Geltung käme.
Dann fuhr Ben fort: „Ja, der Auftrag, den ich hatte, war wirklich
nicht leicht. Jemanden zu finden, der in der Erziehung alles
richtig macht! Ich hatte mich extra noch einmal schlau gemacht,
was große Pädagogen unter perfekter Erziehung verstehen. Und
ich hätte da auch noch jahrelang weiter studieren und forschen
können. Aber erst in der Praxis habe ich gemerkt, was perfekte
Pädagogik wirklich für den Erziehungsalltag bedeutet …" Ben
blickte in die Runde. „Sie kommt dort praktisch nicht vor. Eine
perfekte Erziehung gibt es nicht."
Willi grinste und stupste seine Lotte an: „Jau, hab ich doch schon
immer gesagt!"
Margot schaute ein wenig pikiert in die Runde. Sie musste mit
sich kämpfen, damit sie das nicht als persönlichen Angriff ver-
stand. Als ob Ben ihre Gedanken lesen könnte, sagte er in ihre
Richtung: „Ich hoffe, Sie nehmen mir das nicht übel, liebe Frau
Lühnefeldt."
Margot winkte tapfer lächelnd ab.
Und Ben fügte hinzu: „Denn Perfektion kann auch Stillstand
bedeuten. Der wahre Motor für alle Entwicklung ist nicht die
Perfektion. Es ist die Unvollkommenheit. Wurde nicht für diese
Entdeckung sogar 2008 der Physiknobelpreis verliehen? Für die

Erkenntnis, dass Unvollkommenheit das Geheimnis des Lebens ist! Also ärgern Sie sich nicht über Ihre Fehler! Wer Energie in die Vermeidung von Fehlern steckt, wer es beim Ärger über gemachte Fehler belässt, der handelt rückwärtsgewandt – und wird Fehler ständig wiederholen oder neue machen. Wichtiger ist es, sich einzugestehen, dass Fehler vorkommen und dass man welche machen darf. Damit akzeptiert man Unvollkommenheit als Teil der eigenen Persönlichkeit und kann nach Wegen suchen, Probleme anders zu lösen. Glauben Sie mir.

Es ist schwieriger, ständig Fehler zu vermeiden, als sich offensiv und kreativ mit Problemen auseinanderzusetzen.

Ben Benningsen

Ein hörbares Aufatmen ging durch die Runde. Einige lächelten. Und sogar Margot nickte zustimmend.

„Aber trotzdem", fuhr Ben Benningsen fort, „oder gerade deswegen will ich Ihnen allen heute ein großes Kompliment machen. Jeder von Ihnen leistet sehr gute Erziehungsarbeit, jeder auf seine Art und Weise. Der Alltag mit Familie kann nicht ohne Reibung verlaufen. Doch wo Reibung ist, ist auch Wärme. Und die Wärme, die emotionale Geborgenheit, die Sicherheit, so angenommen zu werden, wie man ist, das ist die Basis, auf der Entwicklung möglich ist … und das gilt nicht nur für Kinder! Und deswegen sollen Sie alle heute einen Preis bekommen." Ben machte wieder eine Pause. „Eigentlich sollten Sie alle den Oscar fürs Durchwursteln bekommen. Deswegen wollte ich auch für jeden eine kleine Oscar-Statue besorgen. Malte und Paula haben mich beim Einkauf begleitet."

Der Verlagsleiter blickte irritiert zuerst seine Sekretärin an, dann die Pressefrau. Gerlinde Kleinert riss nur erstaunt die Augen auf, und Wilma Gruber-Wolf beschwerte sich: „Wieso wird so etwas nicht vorher mit mir abgesprochen?"

Dr. Reginald Eibenstein holte tief Luft und seufzte: „Ich fürchte, unser lieber Autor führt irgendwas im Schilde. Aber was?"

Er kniff seine Augen zusammen und fixierte Ben Benningsen so, als wollte er seinen Kopf durchleuchten.

Ben blieb gelassen und erzählte einfach weiter: „Aber die Oscars waren leider gerade ausverkauft. Paula hatte dann die Idee für eine andere Figur. Und heute bin ich froh, dass es sich so ergeben hat. Heute finde ich, das passt viel besser. Und so bekommt jede Familie heute … einen Engel! Es ist ein ganz besonderer Schutzengel, der Engel der Unvollkommenheit. Er soll Sie begleiten, behüten und vor allem auch trösten, wenn Sie mal wieder glauben, alles falsch zu machen."

Paula und Malte kamen nun nach vorn. Paula hatte einen Korb mit Engelfiguren dabei. Ben bückte sich herunter und forderte die Kinder auf: „Und ihr beide verteilt die Auszeichnungen jetzt bitte an alle Familien."

„Jetzt sofort?", wollte Malte wissen.

„Einen kleinen Augenblick noch", erwiderte Ben. „Natürlich bekommen unsere werdenden Eltern Claudia Lühnefeldt und Denis Markwart auch einen Engel."

Gerührt strich Claudia über ihren Bauch und flüsterte: „Hast du das gehört, mein Schatz?"

Und Ben fügte hinzu: „Und selbstverständlich bekommen auch die Backes-Großeltern einen."

Willi und Lotte winkten Ben begeistert zu.

Dann schaute Ben Benningsen zu Margot hinüber und rief ihr zu: „Und Sie, liebe Frau Lühnefeldt, bekommen natürlich auch einen. Ich denke, Sie können ihn besonders gut gebrauchen."

Margot lachte. Und das war vielleicht das erste Mal, dass sie auf eine Kritik nicht beleidigt reagierte.

Timmi begleitete alles mit begeisterten Pfiffen aus der Trillerpfeife.

Nun nahm Ben einen Engel aus dem Korb und erklärte: „Den nehme ich. Und ihr dürft jetzt los!"

Daraufhin machten sich Malte und Paula an ihre Arbeit und verteilten die Engel unter den Familien.

Ben Benningsen schaute den Engel in seiner Hand an und gab augenzwinkernd bekannt: „Nicht, dass Sie jetzt denken, ich will mich selber auszeichnen. Diesen Engel möchte ich nur gerne selber überreichen. Und das hat natürlich auch seinen Grund. Dazu gibt es eine Geschichte. Der erste Teil ist eine Beichte."

Ben hielt seinen Engel hoch und schmunzelte: „Dabei einen Engel in der Hand zu haben, kann ja nicht schaden."

Dann holte er tief Luft und fuhr sichtlich bewegt fort: „Diese Beichte fällt mir nicht leicht, weil ich zugeben muss, dass ich Sie und alle anderen Leser in einem Punkt jahrelang belogen habe. Denn die Familie, die immer in meiner Biografie erwähnt wurde, die gibt es gar nicht!"

Dr. Reginald Eibenstein wurde kreidebleich. „Warum tut er das?", fragte er Frau Kleinert fassungslos. Frau Gruber-Wolf schüttelte nur ratlos den Kopf. Die Pressedame fürchtete schon, sie müsste das am Ende wieder geradebiegen.

„Bei aller Wahrheitsliebe! Denkt der gar nicht an die Verkaufszahlen!", ereiferte sich Reginald. „Wo bleibt denn jetzt seine Glaubwürdigkeit? Welche Mutter kauft ihm jetzt noch ein Buch ab? Das ist unser Ruin!" Der Verlagsleiter drohte in Panik zu geraten.

Ben jedoch lachte ihn an und erklärte aufmunternd: „Keine Angst, Herr Dr. Eibenstein, das ist ja noch nicht alles."

Immer noch sichtlich erschüttert, winkte Reginald resigniert ab. Er war sich nicht sicher, ob er den zweiten Teil überhaupt hören wollte. Doch so wie es aussah, hatte er ja keine andere Wahl.

Ben Benningsen hielt den Engel wieder hoch. „Jetzt kommt der hier ins Spiel. Das heißt, ich bin mir fast sicher, dass er oder irgendein anderer Schutzengel sich vorher schon eingemischt hat. Denn ich selber habe auf meiner Reise etwas Wunderbares gefunden ... meinen ganz privaten Engel, ohne den ich mir mein Leben nicht mehr vorstellen kann." Und Ben Benningsen schaute Jacqueline Hausmann liebevoll an, hielt ihr den Engel entgegen und rief: „Jacqueline, der ist für dich!"

Jacqueline kam zu ihm. Mit Tränen in den Augen nahm sie den Engel entgegen. Dann küssten sie sich.

Alle applaudierten spontan. Und Timmi pfiff auf seiner Trillerpfeife.

Dr. Reginald Eibenstein applaudierte am lautesten, atmete sehr erleichtert auf und rief dauernd „Bravo!" Frau Kleinert tupfte sich mit einem Taschentuch die Augen trocken und hauchte ebenfalls ein gerührtes: „Wie schön!"

Und Reginald raunte der Pressefrau an seiner Seite vorwurfsvoll zu: „Das ist genial! Warum ist Ihnen das nicht eingefallen?"

Frau Wilma Gruber-Wolf zuckte nur mit den Schultern. In Gedanken arbeitete sie schon an der Formulierung einer entsprechenden Pressemitteilung.

Ben und Jacqueline standen Hand in Hand und strahlten um die Wette. Und Ben erklärte weiter: „Und weil es das Schicksal so gut mit mir gemeint hat, habe ich mit diesem Engel gleich auch noch eine ganze Familie geschenkt bekommen. Caroline, Paula und Malte! Danke, dass ich jetzt ein Teil eures Lebens sein darf! Ihr habt mir gezeigt, dass die Realität spannender ist als jede Theorie. Euch und auch Danny, Timmi und Tina, Miriam, Moritz und Antonia, Jannis, Leon und auch Gloria verdanke ich eine ganz besondere Erkenntnis."

Hier machte Ben eine kurze Pause, lächelte schelmisch. Alle schauten ihn erwartungsvoll an. Und Ben Benningsen fasste seine Erfahrungen zusammen.

Wenn du Abenteuer suchst, die du nur mit Anarchie und Chaos glücklich überstehen kannst, dann schaff dir Kinder an.

Ben Benningsen

Wieder applaudierten alle. Und mit einem Mal ertönte sogar die Schiffssirene.

Erstaunt blickte Ben zur Brücke und entdeckte Willi. Der hatte den Kapitän dazu überreden können, ihm kurz das Steuer zu überlassen. Willi ließ es noch einmal dröhnen und winkte Ben und Jacqueline zu sich. Die beiden liefen zur Brücke, und Willi scherzte:

„Jau, wie sieht's aus? Eigentlich könnte euch der Kapitän ja gleich trauen!"

Jacqueline lachte laut auf.

„Das ist zwar eine schöne Idee, aber ganz so eilig haben wir es dann doch nicht! Was meinst du, Ben?"

„Du bestimmst ab jetzt das Tempo!", lächelte Ben.

Jetzt kamen auch Paula, Malte und Caro dazu. Und Malte fragte Ben: „Bist du jetzt unser neuer Papi?"

„Wenn ihr mich wollt?", fragte Ben feierlich. Paula, Malte und Caro schauten sich an und nickten. Und Ben nahm Malte auf den Arm. Malte fiel dabei die alte Zugschaffnerkelle aus der Hand. Mit der grünen Seite nach oben blieb sie auf dem Boden liegen. Willi ließ kurz das Steuer los, bückte sich, hob die Kelle auf und erklärte: „Jau! Grün! Das passt! Volle Fahrt ins Glück!"

Im nächsten Augenblick tat es einen heftigen Rumms, und das Schiff bäumte sich kurz auf. Dann war alles still.

„Wir sind aufgelaufen. So ein Mist!" Der Kapitän war stocksauer.

„Mensch, Willi!"

Und besorgt schimpfte Lotte ihren Mann: „Willi, wie konntest du nur?!"

Aber Willi blieb gelassen und verteidigte sich: „Das war nicht ich! Das war mein Engel der Unvollkommenheit."

Von ferne näherte sich schon ein Boot der Wasserpolizei.

Die Augen des Verlagsleiters leuchteten. „Das ist genial! Einen besseren Werbeaufhänger gibt es doch gar nicht! Jetzt müsste das nur noch jemand filmen!"

Da sah er Dannys Videokamera auf sich gerichtet und Dr. Eibenstein erkundigte sich: „Meinen Sie, wir können die Aufnahmen bekommen?"

„Das habe ich schon ausgehandelt", erwiderte Ben und zwinkerte Danny zu. „Allerdings haben die natürlich ihren Preis."

„Kein Problem!", versprach Reginald Eibenstein. Und er schaute Ben bewundernd an. Dann klopfte er ihm sehr zufrieden auf die Schulter und stellte fest: „Ben Benningsen, Sie sind nicht nur ein erfolgreicher Autor, Sie sind ja auch noch ein Verkaufsgenie! Ich sehe Ihr Buch schon in den Bestsellerlisten!"

Und damit sollte er recht behalten.

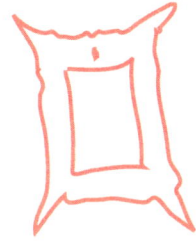

Und zum Schluss: Ben Benningsens beste Erziehungstipps

Erziehung ist Haltung sich selber und dem Kind gegenüber

✳ Als Erwachsener ist man Vorbild. Und Vorbild zu sein bedeutet, den Kindern Werte und Normen vorzuleben. Es bedeutet nicht, ihnen ständig Vorträge zu halten, sie gar im pädagogischen Konjunktiv anzusprechen wie etwa: Du müsstest! Du könntest, wenn du nur wolltest! Oder: Wenn ich deine Chancen gehabt hätte!

✳ Kinder wollen authentische Eltern. Wer authentisch ist, macht Fehler. Wir müssen die Idee, man könne perfekt erziehen, loslassen und uns in unserer Unvollkommenheit annehmen.

✳ Vergleiche nie ein Kind mit einem anderen, höchstens mit sich selbst, so hat Pestalozzi einst sinngemäß gefordert. Eltern wollen einzigartige Kinder, unvergleichliche Persönlichkeiten – und das schließt Vergleiche aus.
Kinder möchten von ihren Eltern so angenommen werden, wie sie sind: mit ihren Stärken und Fähigkeiten – aber auch mit ihren Schwächen und Unzulänglichkeiten. Es ist einfach, mit

Kindern von Wellenkamm zu Wellenkamm zu surfen, doch brauchen sie vor allem dann Begleitung, wenn sie sich im Wellental befinden, wenn nichts so läuft, wie sich die Eltern und die Kinder selbst die Dinge vorgestellt haben.

✻ Gandhi hat den Satz geprägt: Kinder sind Weisheitslehrer. Erziehung ist dann eine nervenaufreibende Aufgabe, wenn man ständig nur für die Kinder da ist. Für Erwachsene ist es eine Chance, von Kindern zu lernen. „Wenn ihr nicht werdet wie die Kinder" – sind Jesu Worte überliefert. Und damit hat er bestimmt nicht „kindisch", sondern „kreativ", „anarchisch" oder „intuitiv" gemeint, sofern man diesen Satz einfach mal pädagogisch deutet statt theologisch.
Kinder sind Philosophen, die die Wirklichkeit mit einer Mischung aus Fantasie und Realitätssinn betrachten. Eine faszinierende Mischung, von der auch Erwachsene etwas lernen können!

✻ Lache dreimal am Tag mit deinem Kind, hat sich Pestalozzi gewünscht. Über sich selbst, seine Fehler und vergeblichen Bemühungen zu schmunzeln, gemeinsam mit dem Kind zu kichern, das befreit. Lachen weicht Verkrustungen auf, eröffnet neue Räume, zeigt ungewohnte Perspektiven. Der Humor hat nach Sigmund Freud nicht nur etwas Befreiendes, wie der Witz und die Komik, sondern auch etwas Großartiges und Erhebendes.

✻ Das Lachen schafft Gemeinschaftsgefühle: Dem anderen ergeht es ja ganz ähnlich, und ich stehe nicht alleine da mit meinen Problemen. Im Lachen akzeptiert man kleine und große Schwächen, bekennt sich zu seiner Unvollkommenheit. Lachen erdet. Lachen ist die beste Medizin, eine Medizin mit guten Nebenwirkungen, denn der (Erziehungs-)Alltag wird auf wundersame Weise leichter.

Erziehung ist Begleitung ins Leben

* Eine Psychologin hat durch langjährige Beobachtung festgestellt, dass es zwei wichtige Übergangsphasen im Leben eines Heranwachsenden gibt: das Trotzalter und die Pubertät. Und sie kam durch ihre therapeutische Arbeit zu dem Schluss: Je heftiger das Trotzalter, je mehr ein Kind zürnt und wütet, je weniger man sich als Vater und Mutter auf die Straße, den Spielplatz oder zu Freunden traut, umso ruhiger wird die Pubertät. Für viele Eltern mag das eine Erleichterung sein. Aber sie sollten sich nicht zu früh freuen. Denn diese Psychologin sah auch: Je ruhiger die Trotzphase verläuft, je mehr man das Gefühl hat, alles richtig geplant und gemacht zu haben, umso heftiger wird die Pubertät.

* Und was lernen wir daraus? Wenn man Kinder hat, dann wird man stadtbekannt. Die Frage ist nur, wann.

* Je jünger die Kinder sind, umso mehr erfährt man eigene Grenzen und erlebt große Gefühle. Aber bedenke: Wenn du glaubst, Licht am Ende des Tunnels entdeckt zu haben, dann könnten es die Scheinwerfer eines entgegenkommenden Zuges sein – und der trägt den Namen Pubertät. Die kann es in sich haben und ungeahnte Dimensionen besitzen. Fazit: Wenn man Kinder hat, sind immer große Gefühle im Spiel.

* Der Trotz lässt sich genauso wenig vermeiden wie Trotzanlässe. Eine harmlose Situation kann jederzeit aus dem Ruder laufen. Aber: Der Trotz stellt keine Ablehnung der Eltern dar, er ist die Unabhängigkeitserklärung des Kindes. Er richtet sich tatsächlich weder gegen die Eltern noch gegen sonst irgendjemanden.

* Pubertierende begehren auf und lassen sich nicht alles gefallen. Aber irgendwie mögen sie ihre Eltern ja doch. Merke: Keine Wärme ohne Reibung. Und dass sie sich so reiben, zeigt, sie respektieren und achten ihre Eltern.

* Man kann es Pubertierenden nicht recht machen, weil sie selber gar nicht wissen, was richtig ist.

* Es ist normal, dass Pubertierende Grenzen überschreiten, dennoch sollte man dabei auf Achtung und Respekt bestehen. Alle Beteiligten haben ein Recht auf körperliche und seelische Unversehrtheit. Das darf man einfordern.

* Die wahren Helden der Gegenwart? Eltern mit trotzenden und pubertierenden Kindern!

Erziehung ist Vielfalt und Beziehung

* Mann und Frau sind Eltern und Partner. Elternschaft ist das eine und bedeutet: Kindern Halt und Geborgenheit zu geben. Partnerschaft ist das andere. Nur wenn Mann und Frau ihre emotionalen Bedürfnisse leben und zu ihnen stehen, dann geht es auch den Kindern gut.

* Großeltern haben für viele Probleme eine Antwort. Auch wenn mal nichts richtig klappen will, mit Oma und Opa findet man eine Lösung.
So beweist mancher Großvater, dass man durchaus eine Klasse wiederholen kann und das Leben trotzdem packt. Und manche Großmutter lebt vor, dass vielleicht erst der zweite der Mann fürs Leben ist.

* Heranwachsende mögen Großeltern – nicht weil sie dort materiell „absahnen" können. Großeltern sind die Wurzeln, ohne die den Kindern und Jugendlichen keine Flügel wachsen können. Die Stürme des Lebens kann man nur überstehen, wenn man einen sicheren Hafen kennt, den man immer wieder anlaufen kann. Großeltern können dieser Hafen sein.

* Geschwister-Kinder sind wie Indianer, entweder sie sind auf dem Kriegspfad, oder sie rauchen eine Friedenspfeife. Dazwischen gibt es nichts!

* Eltern haben den Wunsch, ihre Kinder gleich zu behandeln. Aber das geht nicht, denn man muss jedem für sich gerecht werden!

Erziehung ist Herausforderung

* Und Erziehung ist nur auf der Grundlage einer gefühlsmäßig stabilen Eltern-Kind-Beziehung zu bewältigen. Deshalb ist eine Erziehungshaltung – sich selber und dem Kind gegenüber – die wichtigste Voraussetzung, um Regeln gekonnt anzuwenden. Das gilt für alle klassischen Konfliktsituationen.

* Beispiel Unordnung: Sie ist – aus der Sicht der Eltern – eine nervige Sache, aber Unordnung lässt keinen Rückschluss auf den Charakter des Kindes zu. Die oft gehörte Idee von draußen und drinnen, zum Beispiel „Wie der Teller, so das Herz", mag in Einzelfällen zutreffen, aber als Bewertungsmaßstab für eine Persönlichkeit taugt dieses Wissen nur bedingt. Denn auch Eltern gehen mit Unordnung widersprüchlich um: Mal lieben sie kleine Chaoten, mal flippen sie schon bei jeder Kleinigkeit aus.

* Gerade bei jüngeren Kindern sollte man unterscheiden, ob ein Kind nicht aufräumen will oder es nicht kann. Jüngere Kinder favorisieren oft eine sogenannte Streuordnung. Streuordnung meint: Kinder finden in den am Boden oder in Regalen verstreuten Objekten eher das wieder, was sie brauchen. Sie haben also ihre ganz eigene Ordnung.

* Wie wäre es mit einem Aufräum-Ritual? Man macht einen Termin aus, hilft dem Kind – je nach Alter und Entwicklungsstand – eine Zeit lang, dann darf es eigenständig weiterarbeiten. Kinder lassen sich auf solche Vereinbarungen dann ein, wenn sie spüren, die Eltern respektieren ihre Ordnungsvorstellungen und wollen ihnen nicht ihre Prinzipien aufdrängen.

* Beispiel Langsamkeit: Jedes Kind kommt mit seinem Tempo in die Welt, das eine Kind ist schneller, das andere langsamer. Lasst Kindern Zeit! Beschleunigt nicht ihre Entwicklung. Aber verlangsamt sie auch nicht künstlich! Dem Gras schaut man beim Wachsen zu. Wer am Grashalm zieht, damit er schneller wächst, reißt ihn aus der Erde. Dem Grashalm fehlt es dann an Erdung, er hat keine Wurzeln mehr – und verdorrt. Genauso geht es Kindern, an denen man zerrt und zieht.

* Beispiel Kraftausdrücke: Sie faszinieren Kinder, mit ihnen und über sie testen sie Grenzen, die Gültigkeit von Normen und Werten aus. In Kraftausdrücken spiegelt sich zugleich das Unmoralische kindlicher Fantasien. Die Bedeutung von Kraftausdrücken erschließt sich Kindern, wenn sie diese in verschiedenen Zusammenhängen benutzen und dabei die Reaktion ihrer Umgebung erleben. Begegnet man als Erwachsener einem Kraftausdruck das erste oder zweite Mal, überhört man ihn am besten. Hat das Überhören keinen Erfolg, muss man handeln.

Wer ihn auch dann ignoriert, erreicht genau das Gegenteil von dem, was er will. Das Kind wird mit seinen Regelverletzungen fortfahren. Aber: Von Bedeutung ist, wie man Grenzen setzt. Das Kind braucht kurze, eindeutige Antworten, in denen sich die Haltung des Erwachsenen authentisch ausdrückt.

* Beispiel Ausspielen der Eltern: Unterschiedliche Erziehungs-stile sind wichtig und notwendig. Doch bei aller Unterschied-lichkeit müssen Kinder wissen, an wen oder woran sie sich in verschiedenen Situationen zu orientieren haben. Besteht hier keine Einigkeit zwischen den Eltern, spielen die Kinder Vater und Mutter gegeneinander aus. Deshalb können unterschiedliche Erziehungsstile nur auf den Grundlagen, die für alle Beteiligten gelten, praktiziert werden. Darüber sollte Einigkeit herrschen, Absprachen sind dabei sehr hilfreich.

* Beispiel Mahlzeiten: Zwar ist die Schmuddeltoleranz von Familie zu Familie unterschiedlich, doch ist Kleckern für jüngs-te und jüngere Kinder normal. Und statt Kinder zu früh an die Funktion von Messer, Gabel und Löffel zu gewöhnen, reicht es eigentlich, wenn sie zunächst nur den Gebrauch des Löffels erlernen. Wichtig ist, dass zu Beginn des Essens alle Familienmitglieder am Tisch sitzen. Dennoch sind lange Mahl-zeiten für Kinder ein Gräuel. Je jünger ein Kind ist, desto schneller wird es ungeduldig. Jüngere Kinder können aufkom-mende Ungeduld durch kleinere Spiele abbauen, etwas ältere Kinder ziehen sich nach Einnahme der Mahlzeit gern in eine Spielecke oder ihr Zimmer zurück.

* Essen hat nichts mit Zwang und Moral, mit Belehrung und Bestrafung zu tun. Das Essen darf kein Anlass sein, um elterliche Macht durchzusetzen. So etwas kann sich negativ auf die Lebensfreude auswirken.

* Beispiel Sexualerziehung: Das ist mehr als die Vermittlung von Techniken, es geht um Körpererziehung und Wertevermittlung zugleich. Die Botschaft ist: Nur wenn ich mich und meinen Körper mag, kann ich auch den Körper der anderen mögen. Wer darauf achtet, respektiert und geachtet zu werden, kann auch andere achten und respektieren.

* Sexualerziehung begleitet die Kinder ins Leben: und zwar jedem Lebensalter angepasst. Kinder dürfen dabei nicht überfordert werden – aber auch nicht unterfordert.

Erziehung ist Dankbarkeit und Demut

* Manchmal gehört auch einfach Glück dazu, Kinder durch die Fährnisse der Entwicklung zu begleiten, mit ihnen einzelne Etappen – auch schwierige, wie das Trotzalter, die Pubertät oder Krisen und Krankheiten – zu bewältigen. Das sind Dinge, die unser Lebensglück ausmachen.

* „Glück", so hat der Pädagoge Haim Ginott bemerkt, „ist kein Ziel, es ist eine Art des Reisens. Glück ist kein Selbstzweck. Es ist ein Nebenprodukt des Arbeitens, Spielens, Liebens und Lebens. Das Leben fordert notwendigerweise eine Verzögerung zwischen Wunsch und Erfüllung, zwischen einem Plan und dessen Realisierung. Mit anderen Worten: Das Leben bringt Frustration mit sich und verlangt das Aushalten von Frustration."

* Deshalb ist Dankbarkeit ein wichtiger Reisebegleiter: dankbar auf seine Kinder zu schauen, dankbar dafür zu sein, dass sie da sind, dafür Sorge zu tragen, dass sie sich bedingungslos geliebt fühlen. Das gilt besonders für jene Momente, in denen es nicht so läuft, wie man es sich wünscht.

* Wer Kinder hat, der sollte demütig sein. Demut, so hat Anselm Grün wunderbar formuliert, ist der Mut zur eigenen Wahrheit, sich als Mensch mit Fehlern und Schwächen, aber auch Kompetenzen und Stärken zu begreifen. „Das Gegenteil der Demut", so betont er, „ist die Hybris." Der hochmütige Mensch kann alles, will alles im Griff haben, nimmt sich und seine Grenzen überhaupt nicht wahr.

* Und bezogen auf die Erziehung heißt das: Man meint, alles müsse einem gelingen, weil man von dem Gedanken der Machbarkeit durchdrungen ist. Man will nicht nur erziehen, man will richtig (!) erziehen, sich jeden Tag den pädagogischen Oscar am Bande verdienen, um solchermaßen dekoriert durch die Gegend zu stolzieren.

* Demut heißt dagegen: auf dem Boden zu stehen, sich seiner Grenzen bewusst zu sein! Der demütige Mensch kennt die Grenzen seiner Fähigkeiten und weiß, dass Handeln mit Scheitern verbunden sein kann.

* Wenn es in der Erziehung nicht funktioniert, wenn es nicht so läuft, wie man es sich vorgestellt hat, wenn man ein Kind begleitet und es ganz anders geht, als man will, wenn es ein völlig anderes Tempo anschlägt, als man möchte, dann gilt: Suche nicht die Schuld bei anderen oder bei dir! Fluche nicht: „Ich werde es nie können!" und lamentiere nicht: „Wie konnte mir das passieren!" Wer sich andauernd über sich selbst, seine Unvollkommenheiten und Unzulänglichkeiten ärgert, der hat seine Grenzen nicht akzeptiert.

* Deswegen: Die Einstellung zu den Dingen, die das Leben ausmachen, ist enorm wichtig. Die richtige Einstellung kann Dinge verwandeln und sie in einem anderen Licht erscheinen lassen. Was vorher schwer aussah, kann dann plötzlich ganz leicht sein. Die Zauberworte dafür sind: „Mut zur Gelassenheit"!

* Und Mut zur Gelassenheit bedeutet: wenn Sie alles das, was Sie gerade gelesen haben, einfach vergessen, an den Kühlschrank gehen, sich einen Prosecco einschenken und auf Ihre Unvollkommenheit anstoßen. Aber das können Sie natürlich auch mit einem linksgedrehten, bei Vollmond von Hand gepressten Apfelsaft vom Biobauern tun.

IMPRESSUM

Liebe Leserinnen und Leser,

vielen Dank, dass Sie sich für dieses Buch entschieden haben.
Ihre Meinung ist uns wichtig – bitte senden Sie uns Ihre Fragen,
Anregungen, Kritik oder Lob. Wir freuen uns auf Ihre Nachricht!

GRÄFE UND UNZER VERLAG
Leserservice
Postfach 86 03 13
81630 München

Wir sind für Sie da!
Montag–Donnerstag : 8.00–18.00 Uhr
Freitag : 8.00–16.00 Uhr

Tel.: 01 80-5 00 50 54*
Fax: 01 80-5 01 20 54*
E-Mail: leserservice@graefe-und-unzer.de

*(0,14 €/Min. aus dem dt. Festnetz / Mobilfunkpreise können abweichen)

IMPRESSUM
© 2009 GRÄFE UND UNZER VERLAG GMBH, München
Alle Rechte vorbehalten
ISBN 978-3-8338-1276-7

Umschlaggestaltung: HildenDesign, München, www.hildendesign.de
Innenlayout und Illustrationen: Claudia Fillmann
Druck und Bindung: GGP Media GmbH, Pößneck

Die im Buch veröffentlichten Ratschläge wurden mit größter Sorgfalt erarbeitet
und geprüft. Eine Garantie kann jedoch nicht übernommen werden. Ebenso wird
eine Haftung für Personen-, Sach- oder Vermögensschäden ausgeschlossen.

1. Auflage 2009

www.graefeundunzer-verlag.de

GRÄFE
UND
UNZER

Ein Unternehmen der
GANSKE VERLAGSGRUPPE